陈正宏讲《史记》系列之一

陈正宏 著

時空

《史记》的本纪、表与书

中华书局

图书在版编目(CIP)数据

时空:《史记》的本纪、表与书/陈正宏著. —北京:中华书局,
2020.5(2022.5 重印)
ISBN 978-7-101-13965-5

Ⅰ.时… Ⅱ.陈… Ⅲ.《史记》-研究 Ⅳ.K204.2

中国版本图书馆 CIP 数据核字(2019)第 144251 号

书 名	时空:《史记》的本纪、表与书
著 者	陈正宏
责任编辑	贾雪飞
出版发行	中华书局
	(北京市丰台区太平桥西里 38 号 100073)
	http://www.zhbc.com.cn
	E-mail:zhbc@zhbc.com.cn
印 刷	三河市宏盛印务有限公司
版 次	2020 年 5 月第 1 版
	2022 年 5 月第 3 次印刷
规 格	开本/880×1230 毫米 1/32
	印张 9½ 插页 2 字数 160 千字
印 数	16001-20000 册
国际书号	ISBN 978-7-101-13965-5
定 价	45.00 元

总　序
通读《史记》，让你的视野穿越两千年

这套分为四册总计十二卷的小书，是以我在喜马拉雅开设的一门名著导读音频课程为基础编写而成的，导读的名著，是各位都非常熟悉的《史记》。

《史记》，顾名思义，就是"历史的记录"。什么是历史？严格说来，刚刚过去的上一秒，就是历史。而从长时段看，历史最显著的特征，是"没有什么会永垂不朽"，更简单地说，就是一个字：变。历史中的变化，在已经远离历史现场的我们看来，真是多姿多彩；不过当我们把这种变化和现实相对照时，又时时会觉得，历史是惊人地相似。这种变化和相似共生的奇观，是如何产生的？根源就在于，推动任何特定区域历史演变的基本动力，其实是生活在这个区域中的人的普遍人性。人性不变，历史就难免有重演

的冲动。

《史记》则是一部在两千多年前，借着描述一个很长时段的历史演变过程，和其中的历史重演冲动，把人性的各个方面加以彻底揭示的一流的中国文史名著。

那么，通过一定方式的引导，通读《史记》这样的文史名著，对你而言，可能会有什么样的收获呢？

我想，首先，通过比较完整地阅读《史记》，你可以超越生命的极限，大幅度拓展个人的经验世界。人生不过百年，而通读像《史记》这样一部涉及上下数千年历史的名著，可以在个人有限的生命里，体验古人的生活环境和生涯百态，客观上既延展了你的生命长度，也拓展了你的人生视野。

其次，通过解析《史记》的大部分重要篇章，你可以培养自己具备一种更为通达的处世态度。凡事都从一定长度或深度的历史视角考虑，观察世界与剖析人生的时候，也会取一种理性并且不失人性的立场。不放大个人的得失，也不蔑视渺小的生灵。

再次，通过更细致地分析现在你读到的《史记》的篇章文字，你会由此及彼，意识到因为我们的汉语历史悠久，任何一个现存的历史文本，包括由某人的讲话转写成的文本，都不只有表面的单一层次的意思，其中甚至还可能叠加着其他人的笔墨。因此你会养成一种不轻信来历不明的文字、说辞，喜欢追根寻源的思维方式。

也许有的读者会说，读《史记》的好处，我是知道的。但讲《史记》的已经有不少了，你还有什么好讲的？"王侯将相，宁有种乎"，"燕雀安知鸿鹄之志"，我中学课本里都读过了。

但你可能不知道，我讲的《史记》，和你已经知道的，其实并不相同。

这不同，主要体现在三个方面。

第一，我讲的不是《史记》的名篇节选，而是涵盖全体的《史记》。也就是不光讲本纪、世家、列传，连表和书都会讲。为什么连表和书也要讲呢？因为表是《史记》的骨架，书则是中国最早的制度史，不讲这两体，你就看不清《史记》的整体脉络。同时，我不光讲《史记》本身的文本，也讲《史记》的著作编刊史，还会讲《史记》在中国和海外的影响。总之，通过这套书，你对《史记》的把握不是平面的、片面的，而是立体的、完整的。

第二，我讲的主要不是《史记》里记载的一般的历史故事，而是要讨论这些历史故事的文本，是司马迁自己写的，还是对其他更早文献的引用或者整理？如果是引用或者整理，它们的原貌可能是怎样的？我们的目标，是探寻被《史记》书写的历史，与实际可能存续过的历史之间，有怎样的联系和区别。

第三，我讲的除了《史记》的文本与史实，更多的还有《史记》流传两千多年以来，这部名著经过不同时代、不同区域和不同个性的人阅读后，被揭示出来的内在的隐秘的东西和外在的添加的东西。这套书将整合时空跨度都相当大的《史记》文献材料，各家对《史记》的感悟与不同的解读角度，你都能从中一览概貌。也就是说，你读到的，不只是司马迁的《史记》，还是两千年来中外读书人共同解读的《史记》。

也许有读者会说，两千多年前的《史记》，都是文言文，我没有什么文言文基础，读这套书会不会太难了？这里我要特别说明一下，为了便于大家阅读，书中涉及的《史记》原文，绝大部分都已经按照大意，转写成现代汉语了；实在非要引用文言文原文时，我都会加上比较浅显明白的现代汉语翻译。所以即使你手头没有一页《史记》原文，通过这套书，同样可以了解《史记》的基本意思。当然，如果你因为读了这套书，而开始借助工具书阅读文言文的《史记》原书，那就更好了。

我想，如果能够比较完整地读一下《史记》，你最终会发现，真的是"太阳底下没有什么新鲜事"。而你，在《史记》滋润的阳光中沐浴一过，再度回到有时不免灰暗的现实中，相信会变得更有预见性，更具智慧，也更有定力。

目 录

卷 首

司马迁是一个怎样的人，《史记》是一部怎样的书

距现在大约两千一百多年前，西汉武帝时期，一部汉语的文史巨著横空出世。它的书名，当时叫《太史公书》，后来也称为《太史公记》，再后来简写成《太史记》，最后大概在公元二世纪下半叶的东汉末期，缩减定名为《史记》。

《史记》的编著者，不用说你也知道，就是大名鼎鼎的司马迁。但司马迁是一个怎样的人？也许有的读者并不十分清楚。

司马迁的人生，以公元前99年为界，分成前后截然不同的两段。在这一年之前，他是一个任性率真的人；在这一年之后，他变成了一个沉默寡言的人。

他生于公元前145年，[1]也有一种说法是公元前135

像遷馬司

明人拟想的司马迁像

年。[2]他的老家，是位于今天陕西韩城南部的夏阳。不过还在他很小的时候，就迁居到了距首都长安（靠近今天的西安）不远的茂陵。而茂陵，是汉武帝生前为自己修建陵园，特设的一个新城镇。司马迁的父亲司马谈，当时担任太史令，这是一个主管天文历法、兼管文书档案的职位，对于汉武帝而言，当然是修陵工程重要的技术顾问。

司马迁晚年回顾自己的青春时光，曾说："仆少负不羁之才，长无乡曲之誉。"[3]意思是我从小就是个不受任何束缚的天才，长大了在家乡一带也没有什么好名声。

大约二十岁左右，他就开始浪迹天涯。从陕西的茂陵

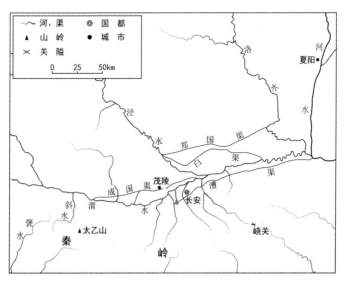

西汉夏阳、茂陵、长安相对位置示意图

出发，最东边到过今天的浙江绍兴。云游归来，他很快上了国家重点培养对象的名单，有了第一份工作：做汉武帝近旁的低级侍卫，当时叫"郎中"，并奉命出使西南的巴蜀少数民族地区。元封三年（公元前108年），他获得了最具有历史意义的职位升迁，接替去世不久的父亲司马谈，担任太史令。

在太史令任上，他主持了修造新历法（后来称为《太初历》）的工作，同时开始干一件意义深远的私活——撰写他父亲草创，并临终嘱咐他务必完成的《太史公书》，也就是后来通称的《史记》。

一切顺风顺水。转眼到了天汉二年（公元前99年），因为任性、率真，话太多，出事了。

当时《史记》才写到一半，发生了将军李陵投降匈奴的事件。别人都不说话了，只有他，当汉武帝程式化地问了一句：司马迁，你怎么看啊？他竟然天真地认为，最高领袖真的要他发表个人看法，就真的开始很有条理地为李陵辩护了起来。结果，汉武帝当场翻脸，他被钦定下狱，判处死刑，最后以接受腐刑，也就是割除生殖器为条件，才免于一死。

从天而降的腐刑，对于司马迁的打击，可以说是致命的。因为那不仅在他的身心留下了难以弥合的创伤，而且使他终身无法抹去写在脸上的耻辱——他本来应该正常的充满阳刚之气的脸庞，从此变得像太监一样柔弱不堪。

但这之后，他的职位却非常离奇地再一次得到升迁。这一次，距他曾经衷心爱戴的领袖更近了，是做汉武帝的机要秘书，当时叫"中书令"。

　　他变了。在最好的朋友眼里，他失去了往日的锋芒，变得和普通官僚一样平庸，甚至俗气。但他坚持以自己的方式，默默地活下去。为的是什么？就是为了写完《史记》。

　　我们想，公元前99年以后的司马迁，虽然没有听过后来恩格斯发表的名言，"恶是历史发展的动力的表现形式"，"正是人的恶劣的情欲——贪欲和权势欲成了历史发展的杠杆"，[4]但他对于人性的复杂跟个体和群体历史发展的关联，一定有了比之前更深切的体会。《史记》每一篇的末尾，都有一段"太史公曰"，是司马迁就这一篇内容发表的历史评论，其中不少应该就是在这样的情境下写的。

　　大约最晚到征和二年（公元前91年）的十一月，司马迁完成了他的这部总字数超过五十二万字的巨著。这之后他给一位叫任安的好友写了一封长信，倾诉了自己的著述心声。而写了这封后来以《报任安书》闻名的书信后，司马迁竟神秘地失踪了。

　　由于东汉时就有一种说法，说司马迁任中书令后"有怨言，下狱死"，[5]后来又有传闻，说《史记》的部分篇章，曾被汉武帝抽看，看了以后大怒，所以被削除了，[6]研究者推测，司马迁很可能最后还是没有逃脱汉武帝的魔掌，死于非命。[7]

司马迁死在哪一年，究竟怎么死的，我们到现在都还搞不清楚。但他用生命写成的《史记》，几经曲折，流传了下来。

这是一部从形式到内涵都具有独特面貌的巨著。其中书写的，是上起传说中的黄帝时代，下至汉武帝统治时期，以中国为中心，以当时的世界知识为背景的人类历史。

《史记》全书总共一百三十篇，按文章体裁，分为下面这五大部分：

第一部分叫"本纪"，共有十二篇，所写的，都是历代传说或实际掌握国家最高权力者的事迹，记事方式以帝王传代编年为主。其中最神奇的，是从上古帝王黄帝写起，一路写到了当朝皇帝汉武帝。

第二部分叫"表"，共有十篇，都是用表格的形式，按年月、国别，简要梳理历史事件和重要人物的活动。其中又按时间尺度的疏密，分为世表、年表和月表三类。

第三部分叫"书"，共有八篇，每一篇都是某一个专题的制度史。其中既有讲礼乐制度的，也有讲天文、历法、宗教的，还有记军事、水利和经济的。

第四部分叫"世家"，共有三十篇，主要是写汉和汉以前各个重要的诸侯大姓的家族史；同时为表彰历史地位特殊的人物，也破例安排了像《孔子世家》这样的篇章。

第五部分叫"列传"，共有七十篇，都是以传记的形式，传写古今代表性的人物和民族事迹。按照它们的性质，又可以分为"合传""独传"和"汇传"三类。前两类以写个体的人为主，比如《屈原贾生列传》《孟尝君列传》；后一类以写特定群体和他们所做的事为主，比如《刺客列传》。

本纪、表、书、世家、列传五体合一，司马迁创造了一个既纵横交织、互相照应，又立体完整的历史叙述文本。这样格局宏大、结构精妙的史书，是之前从来没有过的。

尽管因为历史原因，流传到今天的《史记》，其中已经参杂有后人补写添改的文字，但就总体篇幅而论，司马迁编著的原文，在今本《史记》中仍然占据了绝对主导的地位。所以我们依然可以根据这个流传了两千多年的文本，去探寻司马迁当年写书的心声。

司马迁为什么要写《史记》？最扼要的答案，就是他写在《报任安书》里的三句话："究天人之际，通古今之变，成一家之言。"也就是以贯通古今人事的方式，探讨人类历史的变迁大势，成为可以跟诸子百家分庭抗礼的别一家。所以梁启超说，《史记》一书，其实是"借史的形式"来发表的"一家之言"。[8]

司马迁编著《史记》的具体方法，他自己有多处谈到。一个是"网罗天下放失旧闻"[9]，就是把所有现存的书面文献和传播在口的老故事都一网打尽；一个是"厥协六经异传，整齐百家杂语"[10]，就是协调儒家经典的不同版本和解释，梳理诸子百家的各种说法；还有一个是"述故事，整齐其世传"[11]，就是转述历史旧闻，同时把其中的各种历史谱系加以系统化、条理化。所以大家不要误会，以为《史记》里的文字都是司马迁或者他父亲司马谈自己写的，不是的。书中的不少部分，是对已有文献的排比、整理、加工和转写。不过司马迁特别厉害的地方，是他通过各种方式，将书面文献、口头传说和他自己的文字熔铸于一炉，保持了整体风格的基本一致。

从公元七世纪开始，中国图书分类系统中有"正史"一类。名列正史之首的，就是《史记》。[12]之后史学史上著名的二十四史，也以《史记》领头，后面的二十三部正史，基本结构都是模仿《史记》的。但是，正史之中，能够像《史记》那样，以一家的力量，编写通贯数千年的人类历史的，再也没有了。能够像《史记》这样，整部书不仅有条理地纪录历史，而且还入木三分、文采飞扬地刻画人性，既是史学名著，又是文学名著，也再没有了。站在后世狭隘的正统历史学本位角度，自然可以说《史记》作为正史体例不纯；但如果还原到历史学发生的原初状态，我想任何不带偏见的人都会同意，像《史记》这样一部既感性地描写特定时代人的个性，又理性地关注长时段历史中的普遍人性的著作，在指示历史学的未来方向方面，一定高于一本看不见灵魂的事件流水账。

中国有一部《史记》，是一种难得的幸运；中国只有一部《史记》，又是一件令人深思乃至悲哀的事。

陕西韩城司马迁祠（汪涌豪　摄）

说《本纪》

什么叫改朝换代，帝王又是什么东西

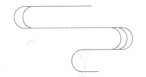

《五帝本纪》：

为什么说你我都是炎黄子孙

　　无论在中国境内，还是海外，华人相遇，都会互称"同胞"，会说我们都是"炎黄子孙"。这其中黄颜色的"黄"，指的是"黄帝"。为什么我们会把"黄帝"奉为中华民族共同的祖先呢？这就要从《史记》的开卷第一篇《五帝本纪》说起。

　　所谓"五帝"，是指三代（也就是夏、商、周）以前，五个在司马迁看来历史时期最早的人间帝王。按照先后次序，他们分别是黄帝、颛顼、帝喾、尧、舜。

　　根据《五帝本纪》的记载，黄帝姓公孙，名轩辕，是少典之子。他生当群雄逐鹿、暴虐百姓的衰世，用"修德振兵"也就是道德治理和强军练兵两结合的手段，联合其他部属讨伐对手，成功了，因此被诸侯拥戴为"天子"。他之后的四位帝王，颛顼、帝喾、尧、舜，则是同出一系的他的血亲后代。

　　具体来说，黄帝生了两个儿子，一个叫玄嚣，一个叫昌意。颛顼是黄帝小儿子昌意的儿子，就是黄帝的孙子；帝喾是黄帝大儿子玄嚣的孙子，就是黄帝的曾孙。尧又是帝喾的儿子，就是黄帝的玄孙。而舜，追溯上去，他的五世祖是颛顼，六世祖是昌意，所以他应该是黄帝的七世孙。

　　按照《五帝本纪》的记载，颛顼和他爷爷黄帝相比，长处不在打仗，而是懂天文，敬鬼神，定规矩。帝喾这位黄帝的曾孙呢，据说一生下来就能自报名字，长大后又擅长"全球治理"，简直就是个天才。而黄帝的玄孙尧，聪明程度既不比帝喾差，还很健康长寿，在帝王位置上足足干

《五帝本纪》

山东嘉祥汉武梁祠石刻中的颛顼、帝喾和尧（拓片）

13

了九十年，才退居二线。

相比之下，《五帝本纪》对居于五帝之末的舜，记载最为详细，有些地方情节曲折，竟有点像小说了。

说是舜是个大孝子，亲娘早逝，老爸是个没主见的瞎子，娶了后妈，还多了个坏心眼的弟弟。这老爸和弟弟俩心理变态，一心要除掉舜。有一回让舜去挖井，等井挖好了，居然稀里哗啦往井里填土，要活埋了舜。他们没想到的是，舜在往下挖井的同时，留了个心眼，就像我们在老电影里看到的抗日游击队一样，顺便在井底横向挖出了一条通向地面的地道。这时这地道还真的派上了用场，让舜化险为夷，安然撤离。

故事还没完。弟弟以为大哥已被活埋，就忙活着分了他的家产和女人，那边的大哥却已经抖落身上的尘土，站在了占据自己房产的弟弟跟前。这弟弟正弹着哥哥心爱的古琴呢，没想到哥哥竟复活了，惊愕之余，只好无耻地说："我正想你想得心神不宁。"舜倒也大度，只回了他一句："是啊，你这么说还差不多。"

不过，《五帝本纪》中写舜的部分，有些记录是否真实，很让人怀疑。比如说尧为了考察舜是否合适做帝王接班人，极富牺牲精神地把自己的两个女儿都嫁给了舜。但根据前面我们所排的次序，尧是黄帝的玄孙，他女儿就是黄帝的四世孙辈，而舜是黄帝的七世孙，那他娶的可就是远房太姑奶奶了，这怎么可能呢？

问题还不止于此。更奇怪的是《五帝本纪》中，都出现了只有春秋战国诸子思想兴起以后，才可能有的内容和场景。

比如说黄帝的得名，是因为有"土德之瑞"。这种把颜色和金、木、水、火、土相配的做法，显然是战国时期阴阳五行学说起来之后才有的观念。又比如说尧让接班人舜"慎和五典"，也就是要谨慎地协调仁、义、礼、智、信五种礼教，这样的说法，一看就知道，用的是秦汉时期儒家的专有名词。

《五帝本纪》另一个值得注意的方面，是五位帝王的传记，篇幅长短不一，文字风格也很不相同。像颛顼的部分，只有一百来个字，而舜的部分，却有一千八百多字。不仅如此，写得最少的颛顼部分，几乎就是空泛的概念堆砌。相反地，尧的部分，记录有大量的帝王和大臣之间的对话。

为什么作为《史记》开篇的《五帝本纪》，内容上会有那样明显的矛盾，文字分配会这样地不均匀，而文风又是如此地不一致呢？

因为这篇《五帝本纪》的主体内容，不是司马迁或者他的父亲司马谈自己写的，而是抄录整理前人著述中的相关内容，穿插各地听闻的传说故事，再加以有限的条理化而成的。

具体地说，《五帝本纪》的前三位帝王黄帝、颛顼和帝喾的传记，主体来自《五帝德》和《帝系姓》两篇古典文献；而后两位帝王尧和舜的传记，主体则来自儒家经典名篇《尧典》和《舜典》——当然都经过了一定程度的改写和增删。

尧、舜二《典》，至今依然留存在儒家经典《尚书》里。《五帝德》和《帝系姓》两篇，一般认为，就是相传出自西汉经学家戴德的礼学经典《大戴礼记》中的两章——《五帝德》和《帝系》。这也就不难理解，为什么《五帝本纪》中会有这么多充满儒家思想色彩的表述了。

今天我们可以比较确定的是，《五帝本纪》里所排列的这五位帝王的世系，也就是那种帝王只此一家、血缘一脉相承的简单明了的系统，恐怕是有问题的。但是《五帝本纪》中记载的一些具体事例，可能有上古史实作为其背景。比如尧秉持"让贤"的原则，把帝位传给了贤明的舜，也就是我们熟知的"禅让"，恐怕就是早期氏族社会君长推选制度的反映。

或许有的读者会问，我们听过一个关于中国历史起源的说法，叫"自从盘古开天地，三皇五帝到于今"，[1]可为什么《史记》开卷第一篇，既不提盘古，也不说三皇，而只讲五帝呢？

这里就涉及所有的上古历史叙述中，普遍存在的神话传说和历史事实纠缠的问题。历史的诡异之处，在于一旦一个传说延续久远，会根深蒂固地印入普通人的脑

说《本纪》

海，成为一种被普遍接受的知识，而这种知识一旦进入启蒙教育的领域，代代相传，就演变成了人所共知的所谓"史实"。

盘古开天地的传说，据现代学者考证，应该是东汉时期才出现的，[2]所以司马迁当然不知道。三皇的说法不止一种，其中像天皇、地皇、泰皇的说法在西汉之前已经流行，[3]但司马迁显然不相信他们是实际存在过的人。只有五帝，在他看来才是人间的第一批实际存在过的帝王，所以他用《五帝本纪》作为《史记》开篇。

虽然按照现代学者的研究，《五帝本纪》所记，依然不乏传说的成分，[4]但司马迁当年以《五帝本纪》作为《史记》开卷第一篇的立意，是给多少点赞都不过分的。因为他是在以当时能够达到的人对历史认识的高度，给自己也给后来的同道定一个通史书写的原则：写人，而不写神，并且要尽力摒弃"其文不雅驯"（也就是胡说八道）的百家之言。

遗憾的是，司马迁的这种崇高的历史意识，直到唐代，依然有人不理解。像给《史记》作注的司马贞，就不自量力地作了一篇《三皇本纪》，自说自话地放在《五帝本纪》的前面。这让我们说什么好呢？除了送给他四个字"佛头着粪"，别的都是多余的了。

另一方面，我们想，司马迁父子应该讨论过《史记》的整体结构问题。在全书开篇讲五帝，尤其是把黄帝放在

都無姓名者但云漢書宣帝義時見微意有所裨補

騂犛星之繼朝陽飛塵之集華嶽以徐為本號曰

集解未詳則闕弗敢臆說人心不同見異辭班曰

氏所謂踈略抵捂者依違不悉辯也愧非賢臣之

多聞子產之博物妄言未學無穢舊史豈足以闕

諸畜德庶賢無所用心而已

五帝本紀第一〈司馬遷後曰紀者記也本其事而記之故曰本紀天紀理地紀〉

史記一〈徐廣曰〉凡是徐氏義稱徐姓名以別之

餘者忽是顯注所弁集眾家義

黃帝者號有熊少典之子姓〈譙周曰有熊國君少典之子〉〈又〉

南新鄭是也

黃帝名曰軒轅生而神靈弱而能言幼而徇齊〈徐廣曰〉

影印北宋刻本《史记》里的《五帝本纪》卷端（原书傅增湘旧藏，现台北"中研院"藏）

第一位，很可能跟司马迁的父亲司马谈崇尚西汉时流行的政治哲学黄老道家有关。但到司马迁正式完成一百三十篇的《史记》时，这种特殊的安排，又显然有司马迁身处汉武帝所在时代的特殊性背景。

已经有不止一位的学者指出，读《史记》的《五帝本纪》，应该和《史记》八书中的《封禅书》对照着看。[5]汉武帝时代，黄帝被方士们恶性地传写为一个可以长生不老的神仙，骗得汉武帝也跃跃欲试想当神仙化的黄帝，司马迁对此深恶痛绝，所以才要写这么一个带有明显人性，且可以作为帝王光辉榜样的黄帝，作为他这部大书的开篇第一人。他之所以采用《五帝德》——"德"，也就是道德——这一明显儒家化的后起的文本作为撰写《五帝本纪》的基础，恐怕也是一个重要的因素。

《五帝本纪》随着《史记》流传到今天，客观上的一个意外收获，是当五帝（而不是三皇）的说法深入人心后，"黄帝是中华民族最初的祖先，黄帝以下血脉相承，逐渐繁衍出整个中华民族"这一观念，成为数千年来中国人共同的一种精神寄托。中华民族心理上更认同统一，而不是分裂，跟这个大有关系。

但是，我们今天说的"炎黄子孙"，为什么黄帝之前还有个炎帝呢？这里面其实有一个因误解而形成的传说。

炎帝名字在《五帝本纪》中出现过，但并没有被列在五帝的序列里，更没有像黄帝一样的崇高地位，反而是作为黄帝的对立面出现的：他们俩在一个叫阪泉的地方打起来了，而且还打了三仗，最后以黄帝打败炎帝告终。

　　原文有点长，我们就不引了。其大意是说，黄帝登场的时候，神农氏已经走向衰落了。这时诸侯相互打仗，苦了百姓，但作为老大的神农氏都没个解决的办法，需要黄帝出场才能摆平。这当中蚩尤特别残暴，没人敢打他。炎帝则想捡个漏，侵略诸侯，诸侯大概也怕炎帝，就都归顺到了黄帝的旗帜之下。于是黄帝领衔开战，先干掉了炎帝，再灭了蚩尤。

　　显然，这里的神农氏从辈分上看应该是长于黄帝的。

明人拟想的黄帝、炎帝像

炎帝的辈分是否高于黄帝，则没有明说。但到后来注释《史记》的人那里，神农氏被解释为就是炎帝。[6]旧说相沿，在后来的"炎黄子孙"这一说法里，炎帝就名列在黄帝之前了。

不过如果我们剥去传说的神话色彩，推测上古部落之间的征战实态，说有像炎、黄这样的属于同一时期、又占据了"华夏"不同区域的两个（或者几个）部落或部落联盟，因为相斗而相融，延续至今，成为中华民族的共同祖先，应该是合情合理的吧。

《夏本纪》:

华夏九州在何方

上一节我们讲了《史记》的第一篇《五帝本纪》，回答了一个与中华民族的民族认同有关的大问题：为什么你我都是炎黄子孙。这一节，我们要讲《史记》的第二篇《夏本纪》，其中涉及的，是一个有关中华民族生活空间的大问题，就是华夏九州在何方。

在讨论这个大问题之前，我们要先说一下《夏本纪》的性质。跟《五帝本纪》主要记录传说中的帝王不同，《夏本纪》所记的，是一个在中国历史上真实存在过的王朝——夏朝。尽管到目前为止，有关夏朝的很多关键性的问题，比如夏朝的都城在哪里，考古发现的河南偃师二里头遗址是不是夏朝都城，[1]《史记》所谓"国号曰夏后"的"夏"字，究竟是什么意思，与之相连的，今天我们非常熟悉的民族自称"华夏"，是否如章太炎所言，"华"是指华山[2]等，考古学界、历史学界和古文献学界都还没有定论，但夏朝是中国早期王朝历史的开端，跟后来的商朝和周朝一起被称"三代"，从文献记载上说，是没有任何问题的。

《史记》的《夏本纪》，从大禹记起，一共记录了十四代、十七位帝王的谱系。之所以代数和在位帝王数有差异，是因为十七位帝王中，有三位是在兄弟或堂兄弟之间传位的，其他则是父子相继。

这十七位帝王中，比较引人注目的有四位。

第一位是夏朝的开国君主大禹，他是上一讲《五帝本纪》里我们讲过的黄帝的玄孙，颛顼的孙子。他的爸爸叫鲧，是个悲剧式的人物，因为被五帝中的尧派去治理洪水，干了九年项目都没有结项，被舜发现问责，结果流放到一个叫羽山的地方，并死在那里。大禹则被人推举，接着干他爸没干成的治水事业。我是很怀疑，这不是人干的活，根本就没人肯干。但大禹干了，还干成了，所以舜生前就把他定为王位接班人。

第二位是帝启，他是大禹的儿子，子承父业继承了王位，一般认为是开启了后世家天下的模式。第三位是太康，他是大禹的孙子，帝启的儿子，他的出名，是因为"失国"，也就是中途失去了王朝统治权。第四位是夏朝的末代君王帝履癸，他有一个更有名的别号，叫桀，就是这位夏桀，最后被商汤打败，导致了夏朝的灭亡。

山东嘉祥汉武梁祠石刻中的大禹（拓片）

夏禹[諡法曰受禪成功曰禹。正義曰夏者帝禹封國號也帝王紀云禹受封為夏伯在豫州外方今河南陽翟是也]

名曰文命[索隱曰尚書云文命敷于四海孔安國云外布文德教于四海此云名文命是禹名。案禹是名故張晏云少昊已前天下以德王自顓頊已來天下以名言之文命是禹名。正義曰帝王紀云禹父鯀妻脩己女曰女志是生高密禹所封國故曰夏禹又案帝王紀云禹字高密案系本及大戴禮云禹名文命正義曰禹字密身一云長本西夷人也大戴禮云高陽之孫鯀之子曰文命]

史記二

禹之父曰鯀[鯀之父曰帝顓頊。皇甫謐云鯀帝顓頊之子字熙又連山易云鯀封於崇故國語謂之崇伯鯀系本亦云鯀為顓頊子漢書律曆志則云顓頊五世而生鯀按鯀既仕堯與舜同時不得為顓頊之子蓋顓頊後代之子孫耳]

鯀之父曰帝顓頊[索隱曰皇甫謐云禹生於石紐活地志云今茂州汶川縣石紐山在縣西七十三里禹生於汶川故本紀云禹本汶山郡廣柔縣人也本在汶山隋改曰汶川又連山云鯀封於崇故國語謂之崇伯鯀系本云顓頊五世而生鯀]

南宋黄善夫刻本《史记》里的《夏本纪》卷端（日本东京大学东洋文化研究所藏）

四位夏朝有名的帝王里面，后面三位的事迹，记的都十分简单。相比之下，最详细的，是大禹的事迹，相关文字超过了三千字；而其他的夏朝君王，加起来还不到六百个字。

为什么《夏本纪》里诸位君王的记载，比重如此失衡？一个很重要的原因，就是文献稀缺。大家如果读过《论语》，就应该记得孔子曾经说过："夏礼吾能言之，杞不足征也。……文献不足故也。"意思是夏朝的礼仪制度我是可以说说的，但承接了夏朝血脉的杞国，那里留下的相关证据不够多。所以归根到底是文献留下来太少了。

那为什么《夏本纪》里大禹的部分，会有这么多文字呢？这是因为到司马迁写书的时候，有关大禹的文献、故事和传说还相对保留得比较多。像《夏本纪》的这一部分，就主要是抄自当时已经出名的儒家经典《尚书》里的相关篇章。

《夏本纪》写大禹的部分，最突出的有三个方面：一是大禹治水，这个很多读者从小学课本里就读过了；二是通过描写大禹治理水患，引出了"九州"这一早期行政区划概念，以及各方诸侯向夏王朝所在的冀州进贡各自地方特产的路径[3]；三是与九州的概念相适应，提出了中心王朝与周边诸侯、化外蛮夷关系圈的"五服"制度。

《夏本纪》里描写大禹治水，说他"劳身焦思，居外十三年，过家门不敢入"。类似的说法，儒家经典《孟子》

里也有，只是细节不同。在《孟子》的《滕文公上》篇里，孟子给滕文公讲大禹治水的故事，说大禹"八年于外，三过其门而不入"。一个说是十三年，一个说是八年，八年说还连带着有了后来的"三过家门而不入"的故事。两种说法谁更接近事实，已经没有办法考证了。不过《夏本纪》所记大禹治水辛苦劳作的情状，显然比《孟子》详尽。比如其中描写大禹风尘仆仆、东奔西走的治水情形，说他是"陆行乘车，水行乘船，泥行乘橇，山行乘檋"，风驰电掣的场面，很有现代电影里超人特工的感觉。而四者之中，在泥沼中所乘的"橇"，应该是一种木制的平底载运工具，类似今人滑雪用的雪橇；登山所用的"檋"，有的研究者认为是一种制作特殊可以防滑的登山鞋。

《夏本纪》大禹事迹里记录"九州"的部分，全部是从《尚书》的《禹贡》篇移录过来的，只是改了少量的字。"九州"是指冀州、兖州、青州、徐州、扬州、荆州、豫州、梁州、雍州，这九个传说出自大禹时代的行政区域。从《夏本纪》所录看，它们是以上古名山大河为界标划分的。由于古今地理变化很大，我们只能根据历史地理学界的研究，粗略地为大家勾勒一下这九州相当于今天的什么地方。

第一个：冀州，大致相当于今天晋陕间黄河以东的山西以及河南北部、河北东南部一带；

第二个：兖州，大致相当于今天的山东北部、河南中

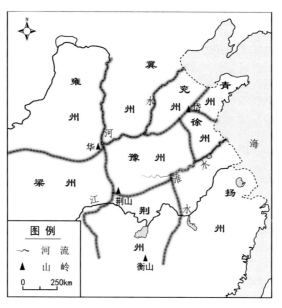

《尚书·禹贡》九州示意图

部偏北一带；

　　第三个：青州，大致相当于今天泰山以东直抵渤海的山东中部和东部一带；

　　第四个：徐州，大致相当于今天泰山以南东抵黄海的山东南部，以及淮河以北的江苏北部一带；

　　第五个：扬州，大致相当于今天淮河以南的江苏、安徽以及浙江、江西一带；

　　第六个：荆州，大致相当于今天荆山（位于襄樊西南）以南、衡山以北的湖北、湖南一带；

　　第七个：豫州，大致相当于今天的河南大部以及荆山以北以东的湖北北部一带；

第八个：梁州，大致相当于今天的华山以南、金沙江以东的四川大部以及陕西南部一带；

第九个：雍州，大致相当于今天晋陕间黄河以西的陕西大部以及宁夏、甘肃、青海一带。

据说大禹对上述九州的水土作了逐一的治理，成功之后，又勘定了九州的田赋等次与土地等级，记录了当地的特产。并依照土地的实际情况，决定各地上贡夏朝天子的土产。与此相应，《夏本纪》（其实就是抄自《尚书》的《禹贡》篇）里还说经过大禹的治理，"九山刊旅，九川涤原，九泽既陂"，虽然都以"九"为数，恐怕也不能简单地理解为，大禹打通的山岭、疏浚的河流、修筑堤坝的湖泊，都正好是九个，而只能是表示数量多而已。

《夏本纪》里从《尚书》的《禹贡》篇抄录的，除了九州，还有五服。五服制度，是一个涉及中心王朝与周边诸侯、化外蛮夷关系圈的朝贡制度。具体来说，是以所谓的"天子之国"也就是王城为中心，以五百里为界，像画同心圆一样，逐次向外扩展圈子。五个圈子的名称，由内向外依次是甸服、侯服、绥服、要服、荒服。前三服大概相当于后来的诸侯国，分别有进贡物品或护卫王城的责任，后两服则是蛮夷所居，化外之地，除了用来流放罪犯，别的是管不到了。

无论是九州概念还是五服制度，今天看来，都有不少理想的成分，应该不是对夏朝统治区域形势的忠实描摹。

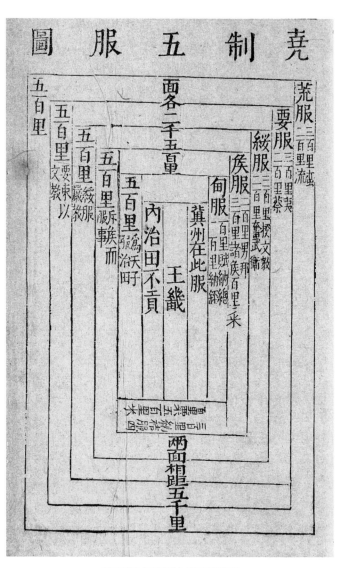

明万历刻本《三才图会》里的五服制度图

二十世纪以来学界的共识，是这样的概念和制度蓝本，应该是后来的周朝人追述的。

不过如果我们不机械地把五服理解为完全等距离的同心圆，那么它在早期中国的国家形成历程中，反映出的中心王朝和周边诸侯部落的关系，恐怕是不乏真切的面相和影子的。而《夏本纪》所记的九州，尽管不是当时夏王朝的实际控制区域的忠实记录，却很可能是那个时代的人对空间世界了解和地理知识掌握的一种反映。

司马迁把《禹贡》全文引入《史记》，并且正好出现在接续《五帝本纪》的《夏本纪》里，除了文献留存原因之外，恐怕也很难说完全没有用西汉时代的"大一统"思想主导历史写作的意图。所谓"大一统"，很容易被误解为大统一，其实这其中的"大"，不是形容词，而是动词，是张大、强调的意思，"大一统"也就是强调一统的崇高地位。所以《夏本纪》全文征引《禹贡》九州，而不取当时更容易理解的其他有关九州的说法，比如《吕氏春秋》里的比较纯粹的地理解释，其中显现的，是一种刻意强调天下一统、凝聚人心的历史意识。从这个意义上说，《夏本纪》或者说《禹贡》里的九州，虽然不一定是夏朝疆域的实际反映，却大致符合后来逐步形成的中华民族统一国家的域内主要行政区划实况，因而华夏九州这一称呼，成为一代又一代中国人对于自我生活空间的一种独特表述。

《殷本纪》（上）：

来自甲骨文的信史证据[1]

上一节我们讲了《史记》本纪的第二篇《夏本纪》。从这一讲开始，我们要讲《史记》本纪的第三篇《殷本纪》，也就是夏商周三代里的商朝的本纪。《殷本纪》内容比较多，我们打算分两次讲。这一讲要讨论的主题，是《殷本纪》是不是信史。

在讨论《殷本纪》是不是信史这个问题之前，我们要先解释一下，为什么明明是商朝的本纪，《史记》的篇名不题为"商本纪"，而要写成"殷本纪"？

"殷"其实原本是个地名，它是商代后期著名君王盘庚迁居定都的地方，在今天的河南安阳。商王朝前后立为都城的地方虽然有不少，但就数在殷的时间最长，所以后人习惯上用"殷"指代商朝。

殷商的历史，从哪里讲起？《殷本纪》是从一个神话传说讲起的。说是殷的先祖，名叫契；契的母亲，名叫简狄，是有娀氏的女儿，又是《五帝本纪》里出现过的帝喾的第二个妃子。这简狄有一回和其他两个妃子在野外沐浴，看到燕子产卵，就吃了燕子蛋，结果怀孕了，生下的婴儿，就是契。

这当然是传说了。但这个传说，却不是司马迁杜撰的。在《诗经》的《商颂》里，有一篇《玄鸟》，开头说："天命玄鸟，降而生商。"意思是上天命令一只黑色的鸟降临人间，诞生了商王。根据注释《毛诗》的汉朝人郑玄的解释，其中讲的，就是简狄吞燕子蛋而生契的故事。现在发现的战国楚简中，也有相关故事的更为生动的版本。[2]

传说可能有点离奇，不过现代学者从人类学的视角加以研究，发现这一则感生故事寓示的，很可能是上古中国母系社会的一种真实而特殊的情况，就是世代繁衍，只知其母，不知其父。至于"玄鸟"（也就是燕子）呢，大概是族群或者一个部落的图腾。

根据《殷本纪》，契成年后，曾随大禹治水，建功立业；接着被舜授予司徒的官职，管理百姓的道德风纪。因为业绩突出，他被封在一个叫"商"的地方。后来商王朝的名号，就是从这个地名而来的。"商"在哪里？就在今天的河南商丘。

商王朝的真正建立，要到成汤的时候。成汤立国之前的文化，一般称为早商文化。关于早商文化，民国时期的著名学者傅斯年，写过一篇著名的论文《夷夏东西说》，认为早商跟东夷同在一系，属于当时的东方文化；夏文化则属于当时的西方文化。夏跟商，从源头上说，不是前后相继，而是同时并存的。

从殷商的始祖契，到商代的开国之君成汤，总共经历了十四代。《殷本纪》对这一经历的描写，是连续重复一句非常格式化的话，就是"某某卒，子某某立"，意思是某某死了，他儿子某某继承了他的位子。连续重复了这句话以后，最后才重点写了成汤的事迹。

从成汤立国，再到商朝末代君主纣王被伐，经历了二十九位君主。《殷本纪》对这一过程的描述，基础也是明显格式化的可以重复的套语"帝某某崩，子（或者弟）某某立，是为帝某某"，意思是帝王某某驾崩了，他的儿子（也可能是他的弟弟）某某继承了王位，这就是新帝王某某。和前面所记成汤以前的十三代世系不同的是，在这样经常重复的格式化套语段落之间，还插入了相关帝王的故事。

从长时段历史记录看，这些有关商王世系的重复套语，文辞尽管十分枯燥，有时却比夹在它们中间的故事，具有更重要的历史价值。

《殷本纪》传录的这个殷商帝王世系，究竟根据的是什么原始文献，这个现在已无法确知了。但这一世系是真实

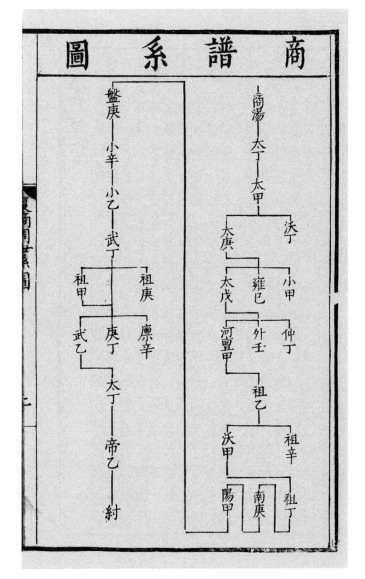

明万历刻本《史记评林》里的《商谱系图》

殷本紀第三

殷契索隱曰契始封商其後裔盤庚遷

（注）志云相州安陽縣本盤庚所都即殷墟南去朝歌
夫鄴四十六里是舊都城相州安陽縣西有城名殷墟
城即安陽淮南子曰殷墟在鄴南又紂都朝歌在
城相州相州外城也
有娀氏之女索隱音嵩簡狄有娀氏之女當在蒲州也

母曰簡狄正義在蒲州也

帝嚳次妃云案三人行浴見玄鳥墮其卵簡狄取吞之因孕

生契其父索隱曰譙周云契生堯代舜之時非嚳子以其母
簡狄玄鳥墮卵帝嚳之子明也

乃命契曰百姓不親五品不
川玄鳥遺卵簡狄吞之則誤矣左禹治水有功帝舜

乃命契曰百姓不親五品不訓汝為司徒而敬敷五教

的，已经被出土文物和考古发现所证实。

这出土文物和考古发现，就是十九世纪末开始，在河南安阳的殷墟，陆续出土发掘出来的龟腹甲、牛肩骨，以及这些龟腹甲、牛肩骨上刻着的文字——甲骨文。

在龟腹甲和牛肩骨上用刀挖出一系列的小洞，然后用火烧灼，观察甲骨背面因高温而产生的裂痕，以此来判定吉凶，这样的占卜方式，是商朝人一直以来沿袭相用的。殷墟发现的龟甲，大小不同。小的乌龟当然可以就地取材，大的就得另想办法了。考虑到商代统治区域并不靠海，所以占卜所用大型龟甲，应该来自商以外的地区。李学勤先生在他的《比较考古学随笔》一书里，写过一篇《商代通向东南亚的道路》，其中就说到，殷墟的大龟甲，有的是原产于马来半岛等东南亚地区的。

至于占卜的结果，有一部分，为了备忘，就刻在了龟腹甲和牛肩骨上。这些笔划细硬的甲骨文，是中国现在已经发现的最古老而且成体系的文字。解读这些字形简单而意义深奥的甲骨文占卜文辞，是一门和殷墟发掘一起成长起来的专门学问，其中对于《史记·殷本纪》而言具有决定性意义的研究成果，则是中国杰出的古典文献学家王国维做出的。

1917 年，王国维发表了两篇划时代的著名论文，《殷卜辞中所见先公先王考》和《殷卜辞中所见先公先王续考》。论文题目中的"殷"，就是指殷商王朝，"卜辞"是指

刻有文字的龟甲

甲骨文的占卜文辞，"先公先王"，则是作为后代的商朝的甲骨占卜者，对于祖先和前代君主的尊称，所以王国维这两篇论文的主题，是要利用出土的殷墟甲骨文卜辞，来考证商朝帝王的名字和世系排次。他非常厉害的地方，是通过细致地拼合一版已经破散的牛肩骨，并对牛肩骨上的甲骨文作精准的释读，最后考证出从上甲（也就是《殷本纪》中的微），到示癸（也就是《殷本纪》中的主癸），这六代殷商先公，他们原来世次，应当是按照干支先后排次的，就是上甲、报乙、报丙、报丁、示壬、示癸，这样一个次序。对照《史记》的《殷本纪》，可以发现，除了把报丁的时代误放在报乙之前外，《殷本纪》所记的这部分殷商先公的世系，是完全正确的。由此学界普遍认为，据此可以推定，《殷本纪》所载的商王朝的诸王世系，也应当是基本可信的。而迄今为止学界不断发表的相关成果，也证明了这一推定是完全正确的。

说到商王的世系，还有一个奇特的现象值得一说，那就是《殷本纪》所记的商王的名字里，绝大部分都有一个字，是干支中的天干，也就是甲、乙、丙、丁、戊、己、庚、辛、壬、癸。为什么会这样呢？历来众说纷纭。有人认为那是根据商王的生日而定的谥号，也有人认为那是根据商王的忌日所给的庙号，当然还有许多别的说法。这其中哪个说法更接近史实一点呢？我个人觉得，相比之下，哈佛大学张光直教授的说法，好像比较合乎逻辑。张教授

刻有文字的商代甲骨（左图为原件，右图为反相照片）

写过一本学术名著，叫《中国青铜时代》。在那本书里，收录了一篇论文，名叫《商王庙号新考》，论文得出的结论是：商王的名字里，之所以绝大部分都有一个字是干支中的天干，很可能是因为商王族被分成了十个祭祀群，每个群都以天干的"干"日，也就是甲、乙、丙、丁、戊、己、庚、辛、壬、癸为名。这一结论的基础，是甲骨文中出现商王名字的场合，都与祭祀有关，而祭祀又明显有分组分群的迹象。这样的以干日为名的名字，当然不是商王生前的名字，而是他们死后，通过一定的占卜程序，根据一定的规则，被挑选出来的，所以有一个特定的称呼，叫"日名"。君王的日名，其实在夏朝就有了。我们上一讲讲《夏本纪》，大家应该还记得，夏朝的末代君王夏桀，就是被成汤灭了的那个夏桀，另外有一个名字叫履癸，那个履癸，就是夏桀的日名。[3]

因为说到了殷墟，也就是这一节开头我们说过的做商朝都城时间最长的地方，这里顺便也说一下《殷本纪》里提过的，到成汤为止，商代先公曾八次迁都的事。"八迁"的地点跟序次，大家可以看王国维的另一篇论文《说自契至于成汤八迁》，收在他的论文集《观堂集林》中，这里我们就不细说了。其中比较有意思的，是殷商的老祖宗契原来住在一个叫亳的地方，商朝人几度迁徙，最后到成汤，还是迁回到了契的居住地——亳。

那么，亳，这个契曾经住过的圣地，成汤定居的地方，究竟在哪里呢？唐朝写《史记正义》的张守节，曾明确地说："亳，偃师城也。"唐代的偃师，就是今天的河南省偃师市。而二十世纪八十年代以来，考古学界在河南发现的中国早期都城遗址中，除了二里头遗址，偃师商城是其中最著名的一个。从遗址的规模和出土器物等推考，一般认为，偃师商城就是成汤灭夏以后所建立的商朝都城。[4]

偃师商城遗址的发掘，证明《史记·殷本纪》记录的那个王朝，它的百姓就曾经生活在你我今天生活着的这片土地上。殷墟甲骨的发现，和甲骨文的考证与研究，则证明《史记·殷本纪》中记录的商王世系，是真实存在，而且基本可靠的。就此而言，我想每一个有良知的中国人，都应该感谢司马迁，感谢王国维，感谢一代又一代的学者们，因为正是他们，通过古文献整理、古文字考证和文物考古，为重建中华民族的信史，打下了坚实的基础。

《殷本纪》（下）：

什么叫"革命"，"革"谁的"命"

这一节我们继续讲《史记》本纪的第三篇《殷本纪》。主题是：什么叫"革命"，"革"谁的"命"？

"革命"对于现代中国人来说，是一个再熟悉不过的汉语词。但你可能不知道的是，这个好像非常现代的词，其实是非常经典的古汉语用词，而且历史非常悠久，追溯上去，最早的实际应用，就是在商朝。

在《史记》的《殷本纪》中，并没有出现"革命"一词。但作为中国传统"革命"的两个公认的范例，所谓"汤武革命"，都与殷商时代有关：一个是汤灭夏桀，一个是武王伐纣。

汤灭夏桀的故事，其实《史记》的《夏本纪》里已经讲过一点了。因为太重要了，所以在《殷本纪》里，司马迁换了个角度，再讲了一遍。

他的重心和角度都很特别，是选了成汤在伐夏桀过程中，给夏朝百姓作政治报告的场面。

"喂！你们大家，过来！都听我说！"就是这样一个毫不客气的开场白，把成汤的绝对自信、绝对实力，彰显无疑。不过他还是蛮懂权变的，所以在政治报告的主体部分，他首先说的是，"不是我小子敢作乱，实在是夏朝有许多许多的罪恶"，接着就抬出了"上帝"和"天"，表示自己是在替天行道。当然，报告最后的目标是很明确的，口气也十分强硬，他说："你们跟随我一起替天讨伐夏桀，我一定会让你们从此顺顺当当。你们不要不相信，我决不食言！如果你们不遵从我的誓言，我将杀死你们的全家，决不宽贷！"

这个成汤作政治报告的场面，《殷本纪》为什么会写得如此生动？因为它是以《尚书》的《汤誓》篇为底本，改写而成的。而《汤誓》，相传是成汤伐夏桀时的报告记录稿。

作了这场政治报告后，成汤自封为武王，并主动出击，打败夏朝军队，并迫使夏桀出逃到一个叫鸣条的地方。接着，成汤又向一个叫三㚇的小国发起了进攻。

夏桀已经出逃鸣条，夏朝军队也已经大败了，为什么成汤还要进攻三㚇这个小国呢？注释《史记》的南朝刘宋时代的学者裴骃，在他的《史记集解》里解释说，那是因为夏桀后来又从鸣条逃到了三㚇国。不过此时的夏桀已经失去了王权，价值一落千丈，成汤何以还要穷追不舍呢？其实真正的原因，就是《史记》的《殷本纪》里说的，为了追寻由桀带到三㚇的夏朝的"宝玉"。

宝玉从很早时候起，就是华夏九州各个部落方国的重器，宝玉在谁的手里，意味着谁就掌握着这个国家。而当时的宝玉中，最贵重的应该是像璧、琮一类的器物。璧的外形扁平而呈圆环形，是汉代以前贵族祭祀、丧葬等场合所用的一种礼器；琮，是一种中部镂出一个空心圆柱体的立方体，那是商朝、周朝及更早期贵族祭祀大地时所用的礼器，同时也经常在当时的实际生活中用作发兵的符节和信物。

成汤是一位具有极强控制欲的君主。面对伐灭夏朝这

杭州余杭反山良渚文化遗址出土的玉琮

样具有重大历史意义的胜利，他考虑的，仍然是如何彻底消除后患。他提出的方案，是三个字"迁其社"。这里的社，是社稷的意思；具体而言，社是土地神，稷是谷神，也就是粮食之神。所谓"迁其社"，就是要把夏朝祭祀土地神和粮食神的神龛都搞掉，其实就是要从精神上彻底消灭夏文化。这一招大概因过于狠毒了，所以最终没有付诸实施。

不过成汤在制度方面对夏朝制度作了颠覆性的改革，这些改革措施，成为商王朝正式建立的标志。其中最有名的是两条：第一，"改正朔"；第二，"易服色"。"改正朔"中的"正"就是正月，每年的第一个月；"朔"就是每个月的第一天。因此所谓"改正朔"，就是改变旧的历法。当时夏朝是以一月为正月的，而商朝就改了，以十二月为正月。"易服色"即改变衣服的官方规范颜色，而崇尚白色。这两项都带有明显的礼仪制度倾向，是否真的是商朝初建时就有的精密架构，学界还有不同看法。

在《殷本纪》中，对于"革命"一词作了最形象阐述的，是在这一篇后半的接近结束时讲的武王伐纣的故事。

纣王是商朝的末代君主。他的名字，经常和一个叫妲己的美女联系在一起。因为据说纣王什么都听妲己的，导致了商朝的灭亡，所以后代的一些男性道学家就炮制出"红颜祸水"的历史兴亡论。到了元朝，小说《全相平话武王伐纣书》登场，美丽的妲己，在小说里原本是一只妖艳

明万历刻本《史记评林》甲的《殷本纪》中有关武王伐纣的记录

以死爭迺強諫紂紂怒曰吾聞聖人心有七竅剖

比干觀其心○子任○正義曰括地志云此干微子去箕

子曰紂又囚之○殷之太師少師乃持其祭樂器奔周

周武王於是遂率諸侯伐紂紂亦發兵距之牧野

子曰紂兵敗紂走登鹿臺衣其寶玉

衣赴火而死○周書云紂取

紂頭縣之白旗殺妲己已釋箕子之囚封比干之墓

按吕氏春秋云
武王至鮪水殷
使膠鬲候周師
云今衛州城卽
殷紂所都周自
以持紂怒殷人
信諸遂輿此

箕子懼乃詳狂為

奴紂又囚之

衣起火而死

正義曰周書云
智王踐五琢身以
不作武王踐
不輯軍師謀休

周武王遂斬

表商容之閭

索隱曰皇甫謐
云商容與殷人觀周
軍之入則以為人名鄭玄云商容
禮官知禮容所
行故稱容臺

封紂子武庚祿父以續殷祀

索隱曰按武庚
祿父帝乙之子
紂之兄也

行盤庚之政○殷民大說於是周武王為天子其後

世貶帝號號為王

索隱曰按古天子皆稱帝五帝始皆帝號

而封殷後為諸侯屬周

周武王崩武庚與管叔蔡叔作亂成王命

周公誅之而立微子於宋以續殷後焉

太史公曰余以頌次契之事自成湯以來采於書

詩契為子姓其後分封以國為姓有殷氏來氏宋

已今膠鬲以甲
子之期報武王
乃兵行以軍□
留雨俟之到甲
子期而後會□
克紂之此武王
之不□膠鬲
之說□師□
亡□□欲
□恐民□進退
□老□□命之
□武王所欲
□是□□□
復登庚□之政

的狐狸。这一路下去，就有了中国传统社会把美丽而不安分的女子叫作狐狸精的奇特说法。

其实商朝的灭亡，主因还在纣王本身。这是一个有一身的蛮力气，喜欢喝酒，又放纵不羁的君王。天下太平时候，他就玩男女裸奔之类的闹剧，到引起公愤了，他又创造了一系列的酷刑，对付异见分子。

酷刑之中，最令人惊悚的，是把活人做成肉酱和肉干。当时遭受此等酷刑的，还都是商朝的高官，一位叫九侯，一位叫鄂侯。九侯是自己作死，因为纣王好色，他拍马屁，把自己美丽的女儿献给纣王，结果女儿得罪纣王被杀，九侯自己也被纣王剁成了肉酱。鄂侯呢，为九侯喊冤，纣王一不做二不休，索性又把鄂侯宰了，做成肉干。

即使在这样严酷的政治形势下，商朝仍有大臣冒死上谏。《尚书》的《西伯戡黎》篇里，保留着一位名叫祖伊的老臣对纣王的一番沉痛劝告，被《史记·殷本纪》引用，其中就有这样的话："现在我国百姓没有不想逃离本国的，大家甚至问，'老天为何不发威，新的堪负大命的人怎么还不来？'大王您怎么办啊！"可纣王怎么回答？他居然回答说："我这一辈子，不一直有天命在护佑我么！"

这之后纣王再度施用酷刑，把冒死直谏的王子兼大臣比干开膛剖腹（据说要看看比干的心长什么样），同时又把另一位装疯的大臣箕子投进了监牢，这终于促使商朝的乐官太师、少师带着祭器和乐器投奔了周武王，那是一位继承了父亲的遗志，暗中集聚势力，打算推翻商纣王的西部诸侯首领。

大家应该知道，祭器和乐器，在传统中国社会里，是国家重器，它们的转移，暗示了纣王在理论上已经失去了统治商朝的资格。周武王因此决定讨伐商纣王。

那天的干支是甲子，在一个叫牧野的地方，战斗打响了。激战之后，纣王的军队被彻底打败。而纣王，这个一辈子喜欢胡闹的末路帝王，穿着他缀满宝玉的衣服，投火自尽。周武王也很暴力，竟然砍下了纣王的头，还把它挂到了象征商朝特定颜色的白旗上。

《史记·殷本纪》所记的汤灭夏桀和武王伐纣，这两个"革命"的范例，就介绍到这里。下面我们再回顾一下"革命"这一词的历史和意义。

"革命"一词，最早见于《周易》，本意是实施变革而顺应天命与人事。下一讲我们要讲的《周本纪》里，有"革殷，受天明命"的话，其中的"革"和"命"两字的用法，也是《周易》"革命"本来的意思。但汤武革命的实际，尤其是武王伐纣，客观上使革命变成了革除暴君之命。所以，"革命"在中国历史上长期以来被默认的意思，就是用暴力手段推翻前朝在道义上已经失去正统资格的暴君，由此生出一种并不恰当的简化说法，就是"以暴易暴"。"革命"作为一个词、一种话语，历史的变化很长，很曲折，这方面读者如果有兴趣，可以读一下陈建华教授写的一本书，书名叫《"革命"的现代性——中国革命话语考论》。[1]

最后附带说一下《史记·殷本纪》篇末的"太史公曰"。

《史记》每一篇末的"太史公曰"，大都是司马迁关于本篇的内容简括，和个人对相关史事的看法。《殷本纪》的"太史公曰"里，最引人注目的，是最后一句："孔子曰，殷路车为善，而色尚白。"翻译成现代汉语，就是孔子说，商朝的大车不错，商朝的流行色是白色。但其实这并不是孔子的原话，而应该是把《礼记》中"殷人尚白"，跟《论语》的《卫灵公》一章里，孔子回答弟子颜渊的问话，合编起来的。从《论语》看，孔子的理想，是用夏朝的历法，坐商朝的车辆，戴周朝的帽子。这自然是主要从礼制角度而言的。但历法、车辆和帽子三者之中，车辆是交通工具，与孔子周游列国的效率直接相关，所以"坐车要坐商朝的车"，这样的理想之下，也许确有现实的感慨在。而对于一个时代交通工具的赞赏，背后的含义，从来就是指称先进、速度与超越。从这个意义上说，司马迁引用被整合过的孔子的话，作为《殷本纪》的结束语，可能也有一点对殷商王朝加以礼赞的意味，因为这个王朝虽然最终因为武王伐纣而灭亡了，却毕竟曾经有过朝气蓬勃的时刻。

河南偃师商城遗址考古发现的商代车辙

《周本纪》（上）：

文质彬彬，也有野蛮的前身

　　上两节，我们讲了《史记》的《殷本纪》，也就是三代中的商朝的本纪。从这一篇开始，我们要讲《史记》本纪的第四篇《周本纪》。《周本纪》跟《殷本纪》一样，都比较长，所以我们也分两次讲。这一节的主题是：文质彬彬，也有野蛮的前身。

　　从《五帝本纪》到《殷本纪》，大家看了都知道，本纪的主干，是帝王的世系。《周本纪》当然也不例外。《周本纪》所记周王世系，从后稷到周文王，就是今天学术界所称的"先周时期"，一共列了十五位君主的名字；武王伐纣以后，就进入了历史教科书里说的西周时期，这一时期，从周武王到周幽王，《周本纪》共列了十二位君王的名字；接下来平王东迁洛邑到周末的赧王，就是东周时期，《周本纪》共列了二十五位君王的名字。这样前后相加，《周本

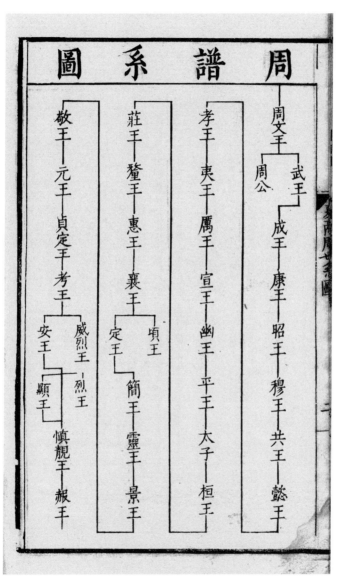

周谱系图

周文王
　周公
　武王—成王—康王—昭王—穆王—共王—懿王
孝王—夷王—厲王—宣王—幽王—平王—太子—桓王
莊王—釐王—惠王—襄王
　　　　　頃王
　　　　　定王—簡王—靈王—景王
敬王—元王—貞定王—考王
　　　　　威烈王—烈王
　安王
　顯王
　慎靚王—赧王

明万历刻本《史记评林》里的《周谱系图》

周本紀第四

史記四

周后稷，名弃。其母有邰氏女，曰姜原。姜原為帝嚳元妃。姜原出野，見巨人跡，心忻然說，欲踐之，踐之而身動如孕者。居期而生子，以為不祥，棄之隘巷，馬牛過者皆辟不踐；徙置之林中，適會山林多人，遷之；而棄渠中冰上，飛鳥以其翼覆薦之。姜原以為神，遂收養長之。初欲棄之，因名曰棄。弃為兒時，屹如巨人之志。其游戲，好種樹麻菽，麻菽美。

史記卷四

周本紀第四

漢　太史令　司馬遷　撰

唐　諸王侍讀率府長史　張守節　正義

唐　國子博士弘文館學士　司馬貞　索隱

宋　中郎外兵曹參軍　裴駰　集解

唐　諸王侍讀宣義郎守右清道率府長史　張守節　正義

周后稷名弃

女曰姜原

其母有邰氏

明万历间北京国子监（左）和南京国子监（右）《史记》本《周本纪》卷端

纪》所列周王世系中的君王，一共有五十二位。

先周、西周、东周这三个历史时段、五十二位君王之中，关于东周的部分，我们下一讲再讲。这一讲主要讨论西周和西周之前的先周。

先周时期，《周本纪》重点写了三位，就是周朝的老祖宗后稷，第四代的公刘，以及第十三代的古公亶父。

《周本纪》里写的周朝老祖宗后稷的事迹，是从《诗经》"大雅"的《生民》篇转写而来的。而故事的性质，跟《殷本纪》写商朝老祖宗契的故事如出一辙，都是感生的传说。《殷本纪》说商朝先祖契是他妈妈吞燕子蛋生的，《周本纪》就说周朝先祖弃是他妈妈踏了巨人的足迹之后生的。有意思的是，按照《史记》的记载，周朝先祖后稷（也就是弃）的母亲姜原，是《五帝本纪》里五帝之一的帝喾的大妃子；而前面我们讲《殷本纪》时已经讲过，商朝先祖契的母亲简狄，是帝喾的第二个妃子。这么算下来，周朝的先祖弃，跟商朝的先祖契，名义上竟还是同父异母的兄弟，不过因为他俩的妈都是在野外怀孕的，他俩的爸帝喾好像都是"喜当爹"的，所以这兄弟俩是否亲兄弟，还真不好说。不过透过这对兄弟的传说，联系之前我们讲《殷本纪》时引用过的傅斯年的名作《夷夏东西说》，可以看出，夏、商、周三者，其实是同时存在的三个不同的族群，它们因为在不同的历史时期内，此消彼长，先后获得了对更大区域的统治权和更广泛的影响力，而被包括《史记》在内的历史文献，描写成了线性历史中的纵向的三个阶段。

《周本纪》里记录的后稷的事迹中，另一个值得注意的地方，是说后稷从小喜欢种麻、菽（菽是豆类作物的总称），他种的麻、菽还长势喜人。后来他长大了，就一直喜欢干农活，成了农民兄弟的榜样。最后被五帝之一的尧发现，提拔为农业部长。中华民族尤其是汉族，长期以来以农业立国，农业文明特征十分显著。[1]《周本纪》中的这些有关周朝始祖与农业紧密关系的文字，放在长时段的中国历史中看，具有一种鲜明的象征意味。

先周时期的第四代公刘，和第十三代的古公亶父，《周本纪》里他们的故事，都跟当时作为一个部落或方国的周，农业活动被外来的游牧民族打断，不得不迁居别处有关。而这又引出有关周朝与戎狄关系的话题，我们下面会再说。

先周以后的西周时期，《周本纪》所记周王世系是否真实可信，一直以来都有很多的学者做过考证和研究。2003年，在陕西眉县的杨家村，发现了西周单氏家族的青铜器窖藏，一次出土西周青铜器二十七件。其中的一件，现在一般命名叫逨盘的，上面有长篇的铭文，历数了从单氏祖先单公，到一位名叫逨的单氏贵族，前后总共八代的传奇故事；相对应地，铭文里也提到了十二代周王的世系与名号，其中以文王打头，下面依次是：武王、成王、康王、昭王、穆王、共王、懿王、孝王、夷王、厉王、宣王。[2]据此我们对照《周本纪》，发现除了末代君主周幽王，其他西周君王世系中的全部名号，都对得上，而《周本纪》的次序也是完全正确的。

《史记·周本纪》中东周以前的文字，着力最多的，是先周和西周之交一对明星式的父子帝王——周文王和周武王。

周文王姬昌和周武王姬发的故事，其实司马迁在《殷本纪》里都已经讲过了。但《周本纪》不厌其烦，再说了一遍，详略既有差异，用意也不尽相同。

比如周文王姬昌，当时对外称为西伯，《周本纪》除了重复《殷本纪》里说过的他被商纣王关进监牢，又通关

陕西眉县杨家村出土的西周单氏家族青铜器窖藏

逨盘及铭文

系被释放的故事，还多了一个歌颂他管理的周风清气正的故事。说是当时有两个小国，一个叫虞国，一个叫芮国，这两个小国的百姓，因为一件官司没法了断，专门跑到周，想请西伯帮他们断断案，评评理。结果还没见到西伯，就先亲眼见到了无比淳朴、互相谦让的周地民风，在先进事迹面前，双方都深感惭愧，立马打道回府，自动和解。

又比如周武王姬发，《周本纪》除了用更详细的文字记录《殷本纪》里已经写过的著名的武王伐纣故事，还借他的口，第一次在《史记》中写出了"革命"一词的本意，就是"革殷，受天明命"，意思是革除商朝，接受上天昭示的命运。此外，还专门写了伐灭商朝以后，这位勇武的君主，因为日理万机、操心国家大事而睡不着觉的生动故事。

这样的人品，这样的工作作风，以及由此而来的周朝各项制度，使周王朝尤其是文、武两代君王，在后代赢得了无数的赞誉。古人中最早给予周朝五星好评的文化名流，是孔子。孔子曾说："周监于二代，郁郁乎文哉！吾从周。"〔3〕意思是周朝的典章制度是借鉴夏商两朝而来的，你看多么丰富，多有内涵，我当然追随周文化了。

不过，也是周文王、周武王这对明星君王父子，他们在世时的某些做法，到后世引起了巨大的争议。而有关事端的基础文本，也都出自《史记》的《周本纪》。

《周本纪》所记文王去世之前的事迹中，有一句话很容易被今天的读者所忽略，就是"诗人道西伯，盖受命之年称王而断虞、芮之讼"。这句话后半段的"断虞、芮之讼"，就是前面我们讲过的那个虞、芮两国百姓想请西伯帮他们断案的故事，但其实这句话的关键，不在后半，而在前半——就是据说是从诗人那里流出来一种传说：西伯在接受天命之年已经称王。

什么？商朝还没有灭亡，西伯还只是商纣王时期的一个地方诸侯，竟敢自称为王了？这怎么可能！历史上就有不止一位的学者，对《周本纪》的这一记录，提出了严肃的质疑。[4]

无独有偶。《周本纪》所记武王伐纣故事中，武王最后残忍地把纣王的头砍了下来，挂在白旗上，这一血腥的情节，在后世也遭到了很多类似甚至更为严酷的质疑。

质疑者的逻辑，基本上是这样的：周文王、周武王都是明君，明君不可能违反君臣伦理，在合法君王还活着的时候，分裂中央，自称为王；更不可能以诸侯身份，去砍君王之头。司马迁要么是搞错了，要么就是太好奇，把道听途说的东西，误认为真实的历史，写进了《史记》。[5]

但司马迁天生是个自由派，也是个实证派，这世上唯一能让他尊重的，大概就是能够让他看到和听到的"文献"。这里所谓的"文献"，是传统意义上的，"文"是指文字性的记录，"献"则是出自有经验的老人的言辞。而任何机械式的观念，我想，对司马迁而言，都是没有什么震慑力的。

上个世纪已经有学者从陕西出土的先周时期的甲骨文中，发现文王生前称王的记录；[6] 近年整理出版的清华简《保训》，也部分证实了《史记·周本纪》所记文王生前称王，有相当的可信度。[7]

周武王斩首商纣王的特例，如果考虑先周族群所处地理位置的特殊，那么这种跟世代农耕的部落方国之人明显不同的行事作风，也不是不可以理解的。

这里有必要简要地讨论一下，先周和西周时期，周跟戎狄纠缠不清的关系。我们看《周本纪》，一个直观的印象，就是凡是出事了，总多多少少和戎狄有关。最早的，是后稷之后的君主不窋，因为丢官而跟戎狄混在一块；接着是古公亶父，被戎狄逼迫得只得在山里打转；文王翻盘，厉害了，就开始跟戎狄叫板；而武王伐纣，喊上一块干的，是一帮以戎狄为主的西部劲旅；最后，幽王之所以失败，是因为得罪了西方的申侯，被西夷犬戎联军攻进了西周的首都——镐京。

因为《周本纪》记了这么多从先周到西周，周跟戎狄纠缠不清的关系，所以学术界一直有一种意见，认为周原本就是戎狄的一支。[8] 当然，这样的意见，也有很多人反对。不过，根据先秦史名家童书业先生《夷蛮戎狄与东南西北》一文的研究，我们现在熟知的"四夷"的说法，也就是东夷、南蛮、西戎、北狄，其实是东周时期才出现的概念。[9]因此要在传统王朝疆域还处在变化不定时代的西周，以及西周之前的先周，把戎狄和后人所称的华夏完全区分清楚，是不太现实的。而事实上任何一个时代，凡是有自信的，必然不会在意什么夷夏大防。只有到了孱弱无比的时候，才会刻意强调血脉纯正，营造洪水猛兽。

《周本纪》（下）：

聚合与分离，都需要一个王

上一节我们讲了《周本纪》的上半部分，主要涉及的，是西周和西周以前周王朝的历史。这一节我们继续讲《周本纪》，主要讲西周末和东周一段的历史，主题是：聚合与分离，都需要一个王。

讲这个主题之前，我们要先回顾一下《周本纪》的组成。《周本纪》很明显的一个特征，是西周的内容多，而且具体详细；东周的相对就比较少，而且记得比较琐碎。

时代相对晚的，怎么反而写得少呢？这个大家不要误会，以为司马迁对东周这一时段的历史没东西可写。不是的。东周时期可写的东西很多，但那些东西，跟周王朝直接有关的，却并不太多。而这一时期的主角，已经变了，不再是周王，而是诸侯群雄了。所以相关的内容，在司马迁看来，放到《史记》五体的"世家"一体里说，更合适。

回顾了《周本纪》的组成，在进入《周本纪》东周部分的阅读之前，我们还要提醒各位，要分别三个"东周"：一个是东周时期，一个是东周王朝，还有一个是东周时期的后期出现的一个名叫"东周"的小封国。需要特别指出的是，前两个东周都是后起的概念，《史记·周本纪》中出现的"东周"一词，都只是指那个在周朝末年短暂存在的小封国，没有前两个概念的意思。我们在上一节和这一节用"东周"一词指代东周时期或东周王朝，只是为了解释的方便。用"西周"一词的时候，其实也是如此。

东周时期是从周平王东迁洛邑开始。而《周本纪》写平王东迁洛邑，前面作了很多的铺垫。最明显的，就是花了不少的篇幅，写西周后期的厉王和西周末的幽王，这两朵周朝君主里的奇葩。

厉王也真是位厉害的王。怎么个厉害呢？《周本纪》里专门记了一个他让老百姓闭嘴的故事。

说是这位厉王，听说百姓在私底下说他的坏话，就设了一个监察官，专门监察那些说自己坏话的人，一旦发现，就格杀勿论。这样说厉王坏话的，果然少了很多，到厉王在位三十四年的时候，老百姓都被修理成什么样了呢？就是走在路上，见到熟人，只能使个眼色，不说话。这厉王呢，听到这样的消息，还很高兴，告诉下面说："你看，我有办法平息诽谤之言，他们都不敢说话了。"结果好，老百姓话是不说了，直接造反了，厉王只能出逃到一个叫彘的小国去——按照《国语·周语》的记载，这厉王还不是主动逃奔去彘国的，而是被流放过去的。[1]

周朝没有王了，怎么办？老臣召公、周公站出来，做代理人，管理王朝，打出的旗号，是"共和"，也就是要重新凝聚共识，倡导和睦相处，史称"周召共和"。所以今天我们熟悉的"共和国"这个名称，其中的"共和"两个字，也不是什么新词，而是有很古老的历史的。

因为周召共和，周王朝算是暂时渡过了一劫。没想到仅仅隔了一代，又冒出来第二朵奇葩——厉王的孙子周幽王。这奇葩比他爷爷更厉害，直接把西周王朝玩没了。

周幽王的故事，几乎是前面我们讲《殷本纪》时讲过的商朝末代君主殷纣王的翻版，关键词都是红颜祸水：殷纣王有个妲姬垫背，周幽王就拉上个褒姒挡枪。

周幽王和褒姒的故事里面，大家最熟悉的，应该是那个著名的烽火戏诸侯。说是褒姒是个冷美人，不爱笑，周幽王为了博美人一笑，竟一再点燃原本是敌情紧急时才可以使用的烽火，令赶来救急的诸侯部队一再上当，最后彻底失信于诸侯。西周王朝最终被申侯招呼来的西夷犬戎部队攻破，周幽王也被杀死在骊山之下。不过已经有不止一位学者指出，这则烽火戏诸侯故事，很可能只是一个传说。[2]

其实，《周本纪》写幽王的这一部分中，写得更惊心动魄，而且同样具有重要历史价值的，是在历数周幽王奇葩作为之前，写的那场大地震："幽王二年，西周三川皆震"，"是岁也，三川竭，岐山崩"。三川，就是泾水、渭水和洛水，这三条西部著名的河流都枯竭断流，一般认为，这是大地震导致了堰塞湖的出现；而岐山崩塌，则是典型的强震现象。这是《史记》里第一次出现的地震记录，按照地震学界的研究和推定，那应该是一次不低于七级的大地震。[3]

需要指出的是，司马迁在《周本纪》里特意记录这次大地震，并不只是为了在历史叙述中保留大自然巨变的科学史史料，而是为了显示"天人感应"。作为精通天文的历史学家，司马迁在《史记》的很多地方，都有意识地把天象、自然灾害跟人事加以联系。《周本纪》写到这里，就借周幽王的一位名叫伯阳甫的大臣之口，发出了"周将亡矣"，也就是周朝快要灭亡了的哀叹；伯阳甫还预言："若国亡，不过十年。"这预言，就如前面我们介绍的，很不幸说中了。

西周就这么被周幽王玩没了。他的儿子周平王不得已，只能把首都搬迁到东边的洛邑，也就是今天的洛阳。平

四年厲王死于彘太子靜長於召公家二相乃共
立之為王是為宣王宣王即位二相輔之脩政法
文武成康之遺風諸侯復宗周十二年魯武公來
朝宣王不修籍於千畝虢文公諫曰不可王弗聽三十九年戰于
千畝王師敗績于姜氏之戎
乃料民於太原宣王既
仲山甫諫曰民不可料也宣王不聽卒料民
四十六年宣王崩子幽王湦立幽王二年
西周三川皆震

周將亡矣夫天地之氣不
失其序若過其序民亂之也
陽伏而不能出陰迫而不能蒸於是
有地震今三川實震是陽失其所而鎮陰也
水土演而民用也
陽失而在陰原必塞原塞國必亡夫
民乏財用不亡何待昔伊洛竭而夏亡
河竭而商亡今周德若二代之季矣
其川原又塞塞必竭夫國必依山川山崩川竭亡
國之徵也川竭必山崩若國亡不過

北宋刻南宋补刻《史记》影印本《周本纪》里记载的三川大地震

王东迁洛邑之后的周朝，就是大家在名称上都十分熟悉的东周。

《史记·周本纪》所记东周部分，其中的前半段，又是中国历史上的一个重要时段——春秋。一提春秋，各位首先想到的，一定是"春秋五霸"。不过，在《周本纪》里，并没有出现"五霸"这样的提法。而且最有意思的，是后来被并称为"春秋五霸"的五位国君中，齐桓公、晋文公、秦穆公、楚庄王四位，即使不是登场演出，也至少露了个脸。但那位好义的宋襄公，却连个影子也没见到。不光宋襄公没有，就是宋国，也连国名都几乎没有出现过。这是为什么呢？

我想这涉及《周本纪》的纪事原则，因为宋是殷商后代的封国，在殷商被周灭了以后，除了接受分封之地，它和周王朝其他的更具有历史意义的交往，就没有了，所以在《周本纪》中不出现宋襄公甚至宋国，也是可以理解的。

《周本纪》东周部分，值得注意的，是还记录了两种异常的历史现象：一个是周天子屈服于强势的诸侯，导致诸侯各自称王；一个是周王朝之内，出现了西周、东周两个敌对的小封国。

到周朝为止，中国传统各级政权的负责人，以称号的不同，来表示各人在整体秩序中的等级。最高级别自然是王，王的下面，通过分封，而有公、侯、伯、子、男五等爵位。这样看下来，我们上一讲里说过的西伯姬昌，在殷商被周灭之前就称王，从传统观念看，的确是令人震惊的，因为越级太厉害了。

《周本纪》的东周部分里，记了不止一位诸侯国的国公被下属杀死的例子，目的是烘托同一时期周王与诸侯国公地位颠倒的故事。这些地位颠倒的故事中，最具有象征意味的，是周襄王二十年晋文公"召"周襄王，和周显王在位时一再给秦国君主送"文武胙"，这两个故事。

晋文公作为周朝名义上的诸侯之一，为了做诸侯们的老大，竟然"召"周襄王，也就是下令让周襄王来他指定的地方，这是典型的僭越。所以后来的儒家正统史书为尊者讳，把这件事写成了"天王狩于河阳"[4]，意思是我们天子到晋国的河阳打猎去了。

秦国不止一位国君从周显王那里拿到的赠品——"文武胙"，是一种祭祀用过的熟肉；胙前面还要加"文武"两个字，是因为那肉是祭祀周文王、周武王时用的。把祭祀用过的肉分给诸侯，是表示对诸侯的尊重。不过秦国好像把周显王的客气当福气了，当周显王三十五年，他们再次免费获得文武胙后，不过一年，就索性和周王平起平坐，自称为王了。这之后其他诸侯纷纷效仿，满世界跑出来甩名片的，就都是某某王了。

这时的周王朝内部还出问题了，出现了两个最后都打起来的小封国——西周和东周。

正如这一节开始时介绍的"东周"一样，《周本纪》里

69

出现的"西周"一词，指的也是周朝末期的一个封国，而不是后来历史教科书中所说的西周时期或西周王朝。西周国和东周国的渊源，《周本纪》说得比较清楚的是东周国，那是周考王分封自己的弟弟在河南，传到第三代，再度拆分，其中的一个小儿子封到一个叫巩的地方而成的小封国，国君号称东周惠公。至于西周，《周本纪》只说到东周末代君王周赧王的时候，"东西周分治，王赧徙都西周"，就是东西两周分家，周赧王把王都搬到了西周。不过因为除了周赧王，《周本纪》里另外还出现了一位西周君，又有"东周与西周战"的记录，所以一般认为，西周跟东周一样都是周王朝内部的小封国。但因为西周国这时候供奉着周赧王，所以外人看来，似乎要比东周重要一些。

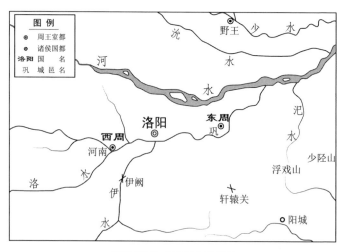

周朝末期东周、西周所在位置示意图

无论东周国，还是西周国，包括整个周王朝，最后都是被秦灭了的。周秦两家的关系，很可玩味。周烈王二年（公元前 374 年），周太史儋见秦献公，说："始周与秦国合而别，别五百载复合，合十七岁而霸王者出焉。"这句话是什么意思呢？我们到下一讲，讲《秦本纪》和《秦始皇本纪》的时候，再来讨论。

《秦本纪》和《秦始皇本纪》:

文明的碾压与创造

　　《秦本纪》和《秦始皇本纪》，在《史记》里是两篇分开的本纪，我们为什么要放在一节里讲呢？表面的原因，是因为在《史记》里，它们排在《周本纪》的后面，前后相继，都以秦为主体。但这其实还不是最主要的原因。最主要的原因，是因为你要弄懂《秦本纪》体例上一系列的特征，得看了《秦始皇本纪》才会明白。

　　《秦本纪》的纪事，大致可以分为三个部分。第一部分从始祖帝颛顼的后代女修开始，到秦庄公为止，其中不免有传说的成分，比如说女修生子，也是因为吞了鸟下的蛋。第二部分从秦襄公开始，到秦成公为止，其中包含了像秦襄公护送周平王东迁，受封诸侯这样的大事；这一部分多有具体的纪年，因为据记载，当时秦国已经开始有史官纪事了。第三部分从秦缪公开始到最后，不仅有连续的纪年，而且有丰富的故事，比如秦孝公时候的商鞅变法，就在这一部分。

《秦本纪》的这三个部分，在体例上有些什么共同特征呢？

这三部分的共同特征，就是史料充沛，内容密集。尤其是后两部分，年岁记录清晰，不少有月份甚至日期。像秦孝公的生日，已经精确到秦献公"四年正月庚寅"；孝文王即位，也写明了日子，是"十月己亥"。

这样的特征，跟前面我们已经讲过的四篇本纪，都有明显的不同。为什么会这样呢？那是因为，司马迁（可能还有他的父亲司马谈）写《秦本纪》的时候，可以利用的文献，要远比写其他四篇本纪时多。

为什么写《秦本纪》时可用的文献，要远比写其他四篇本纪时多呢？除了秦在时间上距司马迁写《史记》的时代更近，另一个十分重要的原因，在《秦始皇本纪》里有记录，就是焚书。

焚书的故事，相信大家都基本知道。据《秦始皇本纪》说，那是秦始皇即位三十四年（公元前 213 年）时发生的重大事件。起因于两位文士在秦始皇面前争宠献计，结果是秦始皇采纳丞相李斯的建议，大规模禁书。而跟我们上面提的那个问题，为什么写《秦本纪》时可用的史料，要远比写其他四篇本纪时多，直接有关的，就是李斯的建议里摆在第一条的："史官非秦记皆烧之。"这是一道

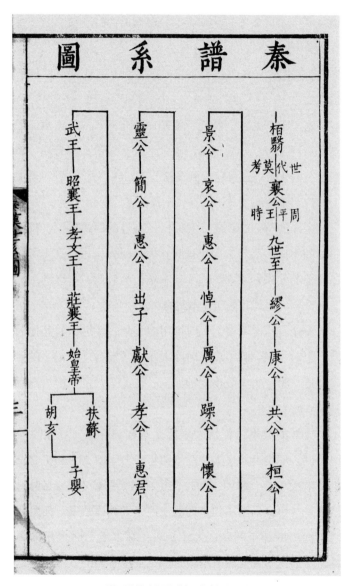

明万历刻本《史记评林》里的《秦谱系图》

秦本紀第五

秦之先帝顓頊之苗裔孫曰女脩女脩織玄鳥隕卵女脩吞之生

子大業大業取少典之子曰女華女華生大費與禹平水土已成

帝錫玄圭禹受曰非予能成亦大費為輔帝舜曰咨爾費贊禹功

其賜爾皁游爾後嗣將大出乃妻之姚姓之玉女（徐廣曰皇甫謐云賜之玄妻以姚姓之女也）

大費拜受佐舜調馴鳥獸鳥獸多馴服是為柏翳舜賜姓嬴氏

大費生子二人一曰大廉實鳥俗氏二曰若木實費氏其玄孫曰費

昌子孫或在中國或在夷狄費昌當夏桀之時去夏歸商為湯御

以敗桀於鳴條太廉玄孫曰孟戲中衍鳥身人言帝太戊聞而卜

之使御吉遂致使御而妻之自太戊以下中衍之後遂世有功以

佐殷國故嬴姓多顯遂為諸侯其玄孫曰中潏（一作湄）在西戎保西

明末毛氏汲古閣刻本《史記》里的《秦本紀》卷端

史学禁令，意思是各家史官所藏的历史书中，凡不属于秦国历史文献的，一律烧掉。

这一烧，到司马迁父子写《史记》时，寻找秦以外的史料就格外辛苦了。不过另一方面，有关秦本身历史记录的"秦记"，倒是有很多保留下来，可以利用。在《史记·六国年表》的叙文里，司马迁就发过感慨，说他编年表，可以依赖的主要文献，"独有秦记"。

那么，"秦记"原本又是怎样的一种模样呢？答案还是在《秦始皇本纪》里。

在《秦始皇本纪》的最后，附录了一篇编年体的秦史大事记。这篇大事记，从秦襄公开始，到秦二世为止，总共记录了秦国三十位国王和秦王朝两代皇帝的简要履历，它们的基本句式，大都是"某公立，享国多少年。葬某地。生某公"，包含了一代君主的在位年数、死后的葬地和继承人的名号。其间还穿插了一段从秦献公到庄襄王的其他纪事。据研究者考证，这篇秦史大事记，并不是司马迁父子写《史记》时原本就有的，而是后人增补的。但是，重要的是，研究者又普遍认为，那应该跟司马迁父子写《秦本纪》时用过的"秦纪"，是同一类史料，后来人因为它们的内容，可以跟《秦本纪》所记相对照，就抄在《秦始皇本纪》这一篇的后面了。

顺便说一下，秦朝人对于历史记录的重视，是很令现代人惊讶的。这从考古发现也可见一斑。

1975 年，在湖北云梦一个叫睡虎地的地方，发现了一处秦代墓葬，出土了一千多枚秦朝的竹简。其中有一篇类似于墓主人个人年谱的文献，后来被整理者题为《编年记》，就很有意思。

这篇《编年记》一共有五十三根竹简，每根简长大约 23 厘米，宽大约 0.6 厘米，出土前被枕在墓主人的头下面，可见那对他而言是十分重要的东西。

竹简上写的，是从秦昭王元年（公元前 306 年）开始，历经孝文王、庄王，到今王（也就是秦始皇）三十年（公元前 217 年）为止，总共大约九十年的逐年大事；从具体内容看，其实是一部秦国大事和墓主个人生平对照版的极简史。从其中的记录，我们知道这位墓主人的名字叫喜，曾长期担任地方低级吏员——县令史。

被这位喜带进坟墓的这篇《编年记》，拿来跟《秦本纪》对照，可以发现无论是秦王的世系，还是秦国的征伐大战，很多都是对得上的。

不过我们也不得不指出，《秦本纪》以及可以跟它相互印证的睡虎地秦简《编年记》，它们的文献特征，放在整个与秦同时的六国历史文献大部分被焚毁的背景下看，令人不免有一种五味杂陈的感觉。这个时代的文献，呈现的是一种消极的繁荣。换句话说，就是一种文明的痕迹，因为被打了高光，而凸显出来；但其他同时期实际

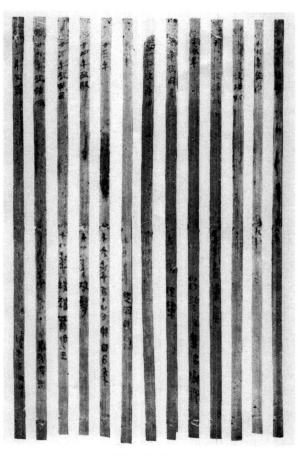

云梦秦简《编年记》（部分）

存在过的文明，则因为受到了强力的碾压，而变得模糊不清了。

在《秦本纪》中，除了上面讲的结构性特征之外，还再次出现了上一节最后我们介绍的，《周本纪》里周太史儋见秦献公时说的那句话，文字稍有不同，而意思基本一样，这回说的是："周故与秦国合而别，别五百岁复合，合七十七岁而霸王出。"记性好的读者应该想起来了，这里和《周本纪》所记最大的不同，是那位霸王出来的时间，从十七年变成了七十七年。其实，在《史记》里，这段话出现过四次，其他两次是在《封禅书》和《老子韩非列传》里，那里的十七年，也有写成七十年的。

同一件事，有不一样的文本，当然有可能是文字讹误。但这段话其实是谶语，就是成语"一语成谶"里的那个"谶"。所谓"谶"，就是预言。这预言当然有一点影子，比如说周王朝和秦原本是合在一起的，大概指的就是《秦本纪》前半部分记的，秦的先祖非子，在汧水和渭水之间为周王朝养马，而被周孝王分封在秦地的故事。这背后显现的，是周、秦和西戎之间的复杂关联。北京大学的李零教授，在他写的《我们的中国》一书里，对此有细密的考证。[1] 而合了又分，分了五百年又合，历代说法就多了，因为谶语是要用后来的史实，去倒证前面的说法的，所以算法不同，说法就不同。至于合了十七年或者七十七年，又冒出一位称霸一世的帝王，唐朝给《史记》作注的司马贞，就索性应景，说是秦始皇了。

说到秦始皇，现存文献中最重要也是最系统的，当然是《史记》的《秦始皇本纪》。

在后来的不少学者看来，《史记》从开卷的《五帝本纪》，写到《秦始皇本纪》，才算显出了司马迁的个人书写风采。为什么呢？因为内容丰富，情节曲折，可读性很强。

的确如此。不要说前面已经说过的焚书的故事，和历

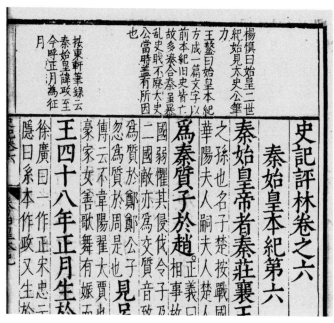

明万历刻本《史记评林》里的《秦始皇本纪》天头明人评语，谓此"方成一篇文字"

史教科书里都写到的统一六国、郡县制，就单说新名词，《秦始皇本纪》也提供给我们很多历史的新知。比如"皇帝"和皇帝的自称"朕"。

"皇帝"一词是秦始皇的发明，《秦始皇本纪》已经有明确的记载，这里就不多说了。"朕"是如今古装电视剧里常常可以听见的词，为帝王专用。但其实，它最初是大家共用的一种普通的自称，并不分上下等级。比如战国时候楚国著名的文学家屈原，他写的长诗《离骚》，开头两句是"帝高阳之苗裔兮，朕皇考曰伯庸"，意思是我是高阳帝的正宗后代，我爸的名字叫伯庸。这其中"朕皇考"的"朕"，就是"我"的意思。到了秦始皇，这个"朕"老百姓就不能用了，成了他的专用自称。

站在今天的角度，重读《秦始皇本纪》，我个人觉得，其中讲秦统一六国之后的政策，"车同轨，书同文"，这六个字，涵义最深。

所谓"车同轨"，就是车辆的轮子宽度，统一为同一个尺寸。所谓"书同文"，就是用于书写的书面文字，字形基本统一。车同轨，从秦到其他六国故地就不用老换车了；书同文，无论你跑到哪里，只要写的是汉字，就都看得懂。两者之中，后者尤其有重大的意义。因为汉字是表意性文字，不是拼音文字，所以在国家统一之后，用"书同文"这样的方式，可以不必强力推送容易引起地方性反感的普通话，而实现一种同文不同语的相对和谐的语言环

秦始皇帝

明人拟想的秦始皇像

燕　齐　赵　魏　韩　楚　秦　　秦统一后的文字

"书同文"示意图：同一个"马"字，七国写法各异，秦统一为小篆体

"车同轨"的现实遗存——秦直道（张健　摄）

境。这一特征，对于之后的长时段历史中，中华文化在国
内获得普遍的认同，和向周边扩散，都起到了关键性的
作用。

　　读《秦始皇本纪》，相信大家印象比较深的，还有一
点，就是全文最后的"太史公曰"特别长，而且后面还附
录了两种其他文献，一种是和"秦记"类似的东西，我们
前面已经介绍过了；另一个是汉明帝时候班固的评语，这
两种文献，都不是《史记》原有的，而是后人添加的。除
此之外，《秦始皇本纪》的"太史公曰"还是很长，是因为

那里面附录西汉文学家贾谊写的著名的三篇评论秦朝兴亡的论说文——《过秦论》。虽然这三篇《过秦论》中的一篇或两篇，是否在司马迁父子写《史记》的当时就已经抄入了，学术界还没有定论，但在原本简短的文末史评里，忽然大段引用同时代人著作，还是可以看出司马迁的独特。他是按照他自己的理解和史传的具体要求，来组织篇章的，没有任何的束缚。后来的正史，就不敢这样写了，必须考虑字数与内容的均衡。

但司马迁的这种独特，并不能简单地理解为任性。他写《秦本纪》尤其是《秦始皇本纪》，心情大概是极其复杂的。从理性的角度说，他身处的汉朝，基业就是秦打下的，

西安临潼洪庆沟的秦坑儒谷

他对秦朝尤其是秦的统一中国，理应加以礼赞。但从感性的角度说，秦迅速崛起和急速解体灭亡，对包括他在内的汉朝人而言，实在是一种太过激烈、太惊心动魄的巨变；而这种巨变，又显然是秦始皇开始的集权统治的必然后果。所以他需要借贾谊的文字，来一诉心中的郁闷。

《秦本纪》和《秦始皇本纪》

《项羽本纪》和《高祖本纪》:
天翻地覆中的超级对手

　　《项羽本纪》和《高祖本纪》两篇本纪的主人公，我想大家一定都非常熟悉：一位是秦末随着陈胜揭竿而起，做带头大哥灭了秦朝，自称西楚霸王的项羽；一位是先在项羽的部队里锻炼成长，受封为汉王，后来又反戈一击，进攻项羽，最后成为汉朝缔造者的刘邦。

　　这两篇本纪写了什么，我们下面会说。这里先要说的是项羽进本纪的写法，历代有很多人都不能接受。

　　其中最有代表性的意见，出自唐代历史评论家刘知幾。刘知幾在他的成名作《史通》里说，"非唯羽之僭盗，不可同于天子，且推其序事，皆作传言，求谓之纪，不可得也。"意思是不要说项羽那样犯上作乱的大盗，不可以跟天子等同进入本纪，就是看《史记·项羽本纪》写的情节，也都是列传一路，想要找出其中可以称为本纪的，也找不到啊。

史記英選卷之一

項羽本紀

項籍者下相人也字羽初起時年二十四其季
父項梁梁父即楚將項燕爲秦將王翦所戮者
也項氏世世爲楚將封於項故姓項氏項籍少
時學書不成去學劍又不成項梁怒之籍曰書
足以記名姓而已劍一人敵不足學學萬人敵
於是項梁乃教籍兵法籍大喜略知其意又不
肯竟學項梁嘗有櫟陽逮乃請蘄獄掾曹咎書
抵櫟陽獄掾司馬欣以故事得已項梁殺人與

朝鲜本《史记英选》里的《项羽本纪》卷端

史記卷八

漢　太　史　令司馬遷　撰

宋中郎外兵曹參軍裴駰集解

唐國子博士弘文館學士司馬貞索隱

唐諸王侍讀率府長史張守節正義

高祖本紀第八

高祖

豐邑中陽里人姓劉氏

沛

清乾隆武英殿刻本《史记》里的《高祖本纪》卷端

刘知幾的话，前半句后来有很多人批评，说他不懂司马迁。因为本纪只可以记录天子，也就是做了皇帝的人的事迹，是后起的正史概念，在秦汉之际的历史空隙中，项羽做过一阵实际的老大，怎么就不可以进本纪呢？

不过刘知幾的后半句话，就是说《项羽本纪》怎么看都像列传的文体，不像本纪，是有道理的。

《项羽本纪》从项羽的出身、起事写起，写他一路向西，灭秦封王，又东还老家，定都彭城（也就是今天的徐州）；再写他被刘邦搅局，输了天下，最后在乌江边上自杀。其中写得最精彩的，历来认为是巨鹿之战、鸿门宴和垓下之围三个片段。《项羽本纪》的纪事，是写完一件，再写一件，故事性很强，确实不像一般的编年体的本纪。

相比之下，《史记》里写刘邦的《高祖本纪》，就很有本纪的感觉。它也从刘邦的出身、起事写起，写他投奔项羽，写他受封汉王，也写他看准缝隙挑战项羽，依靠部下的力量当上了皇帝；以及登基之后东征西讨，最后有病不治，永垂不朽的事迹。它比较严格地遵循了本纪的编年原则，所以总体上纪事远比《项羽本纪》要细密准确。不过带有情节和对话的故事，不如《项羽本纪》那么多，比较容易给人有印象的，只有起事之前喜欢说大话，镇住了未来的丈人，使其主动倒贴女儿；胜利后还乡，高唱大风歌；还有临终拒绝治疗，痛骂医生；如此等等，三四个场景而已。

那么，既然这《项羽本纪》和《高祖本纪》如此不同，我们为什么要把它们放在一起讲呢？

一个主要的原因，就是历来谈这两篇本纪，大都偏重于把它们视为前后纵向的关系，也就是刘邦代替了项羽。但事实上，刘邦和项羽，其实是同时代人。两人有很多的交集，曾经是势均力敌的超级对手。所以看看他们的横向关系，会对认识秦汉之际的历史，很有帮助。

就横向关系而言，一眼就可以看出来的，是刘邦、项羽虽然都不喜欢读书，但项羽出身还是贵族世家，而刘邦出身低微，没有什么教养。

横向关系一般较少提到的另一面，是尽管《项羽本纪》排在《高祖本纪》之前，其实刘邦的年纪，比项羽要大很多。

项羽的年岁，在《项羽本纪》的开头就有记录，说的是："初起时，年二十四"。这个"初起时"，指的应该就是下面写的，秦二世元年（公元前209年）九月，他和他小叔项梁一起，杀死会稽县长，宣布"起大事"的时候。刘邦的年岁，《高祖本纪》很诡异地没有记录，但后来作《史记》注释的历代学者，多有考证，证明他起兵的时候，是四十八岁，而那年也是秦二世元年。[1]

这样算下来，刘邦的年纪，此时竟要比项羽大整整一倍。写《史记会注考证》的日本学者泷川资言，是少数看出这一点的人，他说："沛公年已五十，思虑既熟；项羽年二十加六，血气方刚。彼接物周匝积密，不敢妄动；此当事真挚勇决，任意径行：是二人成败之所以分也。"[2]言下之意，一个二十几岁的小青年，在中国，怎么玩得过人生经验已经很丰富的五十岁大叔呢？不过我想司马迁之所以把项羽放到本纪里，其实还有另一层意思，就是这么一位只活了三十几年的年轻人，竟然改变了历史的走向，不以成败而论，他终究还是个英雄。

需要指出的是，尽管有上述的横向关联，《项羽本纪》和《高祖本纪》的主要文献来源，还是不同的。

我们先说《项羽本纪》。

在《项羽本纪》里，写楚汉相争，有一个场景非常经典，就是项羽把刘邦他爹刘大爷逮住了，想借此要挟刘邦，就把刘大爷绑了推上一块大砧板，向对面阵地上的刘邦放话："今天如果你不赶紧退兵，我就要水煮你老爸了！"没想到小流氓这回碰到的是老流氓，刘邦的回复，竟然是："老弟，我跟你一起，是在楚怀王跟前拜过把子的，咱们约好了是兄弟啊。那样我爸就是你爸了。兄弟你要是铁了心水煮你爸，可别忘了分我一杯肉羹吃哦。"写得太传神了，是不是？当然是啊。可我们必须指出的是，这个故事，不是司马迁创作的，而是他从前人的书里抄来的。

他是从什么书中抄来的呢？就是陆贾的《楚汉春秋》。

陆贾又是谁呢？陆贾就是那位提醒汉高祖，在战马上得了天下，未必可以就在战马上治理天下的人，汉初的一位杰出的外交家和政治家。《史记》列传部分有他的传记，《项羽本纪》和《高祖本纪》里，又记载了他在秦末楚汉相争之际，作为汉王的外交代表，深入敌后，跟项羽和秦国高级将领接触的事。因此他写的《楚汉春秋》，可以说是当时的第一手文献了。遗憾的是，这么重要的书，流传到宋朝，竟然就散失了。我们现在只能通过清朝人的辑佚——也就是从其他古书里找出引用过《楚汉春秋》的，大概五十个片段，把它们重新汇编起来——通过这样的辑佚本，看一个模糊的大概，读一点局部完整的文字。

好在上面我们讲的项羽要挟刘邦水煮刘大爷的故事，陆贾《楚汉春秋》里相关的文字，还保留着。我们拿来跟《史记》的《项羽本纪》一对照，发现不仅故事讲述的顺序完全一样，连关键性的对话，也没相差几个字。可见《史记》里的这一则故事，一定是从《楚汉春秋》里抄来的。

与此相应，《项羽本纪》里的另外两个故事，沐猴而冠和垓下之围，它们的框架，也都应该在《楚汉春秋》里就有了。因为早期注释《史记》的学者，在解释这两个故事时，都提到了《楚汉春秋》，说前者《楚汉春秋》里还记了讽刺项羽为"沐猴而冠"的人，姓蔡；[3]后者《楚汉春秋》里记录霸王别姬时，虞姬还写过一首深情回复项羽的五言诗。[4]

那么，是不是就此可以推断，《史记》的《项羽本纪》，就基本上是陆贾《楚汉春秋》的拷贝呢？

当然不能。我们也再举一个例子，就是著名的鸿门宴。

鸿门宴的故事，现存的《楚汉春秋》清朝人辑佚本里，保留了两个片段，一个写前半部分，写到樊哙强行闯入宴会时为止。文字是这样的：[5]

> 项王在鸿门，亚父曰："吾使人望沛公，其气冲天，五色采相缪，或似龙，或似云，非人臣之气，可诛之。"高祖会项羽，范增目羽，羽不应。樊哙杖盾撞入，食彘，羽壮之。

另一个片段，是关于沛公脱险的：

> 沛公脱身鸿门，从间道至军。张良、韩信乃谒项王军门，曰："沛公使臣奉白璧一只献大王足下，玉斗一只献大将军足下。"亚父受玉斗，置地，戟撞破之。

两个片段之间，虽然还有缺失的文字，不过鸿门宴故事的主要情节，是都在了。我们再回忆一下中学课本里就学过的《项羽本纪》，它是如何写鸿门宴的呢？你一定记得，它的故事情节，要远比《楚汉春秋》复杂、曲折和生动。其中出现了护卫沛公的项伯，和舞剑欲杀沛公的项庄，演出一段千古惊险剧，成就了"项庄舞剑，意在沛公"的成语，

明万历二十六年北京国子监刻《史记》本《项羽本纪》里写鸿门宴的部分

那是《楚汉春秋》里完全没有的。另一方面，其中并没有出现《楚汉春秋》里出现了的韩信的名字。

那么，《项羽本纪》有关鸿门宴的那些生动的描写，是不是就是司马迁就着《楚汉春秋》的梗概，发挥作家的想象力，自己添油加醋炮制出来的呢？我看也未必。从现存《史记》文本中对话异常生动这一点看，司马迁应该更多地是吸收了故老传闻，也就是当时在汉代民间流传的口述历史。他做的，应该主要是"整齐故事"的工作，就是使文字和逻辑相对而言更加顺畅。

这样生动得像小说一般的历史记录，是否会与史实相去甚远？前面几讲我们已经讲过，在基本史实方面，《史记》有相当的可信度，《项羽本纪》也是如此。比如它说项羽灭秦后，"烧秦宫室，火三月不灭"。现在考古发现证明，秦咸阳城宫殿及府库遗址的建筑夯土和基址，的确有被烈

秦咸阳城遗址内发现的大型国家府库遗址，有明显的过火痕迹

火大面积焚烧的痕迹。[6]

至于《高祖本纪》，由于纪事体例的限制，我个人认为，其中恐怕比较少用到以记录富有情节性的故事为主的《楚汉春秋》，而更多地是利用了汉代的官方档案。清代乾嘉考据学派的代表人物之一赵翼曾说，《高祖本纪》除了总叙部分，下面写刘邦初起事，称为"刘季"；打下沛地后，称为"沛公"；受封后，称为"汉王"；到即位，就都称为"上"了（"上"就是"今上"的意思）。这一表述规则，后来成为各家正史的习惯用法。这跟《项羽本纪》名字混用（开始称"项籍"，到攻打襄城时又称"项羽"，中间还称过"项王"，到引兵西屠咸阳，烧秦宫室，又回过来再用"项羽"）完全不同，显示了官方史学的严谨。

不过《高祖本纪》里也有两个令人费解的问题：一个是前面我们已经提过的，写这么一位著名的开国皇帝，居然都不写他生在哪一年，活了多少岁；另一个就是在《高祖本纪》的正文里，你是找不到高祖名叫"刘邦"的证据的——那里面只写了他姓刘，字季；他爸叫太公，他妈叫刘媪（那几乎可以明确地说，那都不是真正的名字，就跟现在叫刘大爷、刘老太一个意思），而从头到尾都没有出现刘邦的"邦"字。

稍有历史常识的人都知道，中国传统社会中，名和字，是一对互相关联的符号。像项羽名籍，字羽，是因为"籍"有凭籍、凭借的意思，"羽"则是羽翼，凭借羽翼腾飞，两者在这个意义上是相关联的。相比之下，刘邦的名"邦"，和字"季"，看不出任何的关联。

另一方面，由于中国人传统的兄弟排行，是伯仲叔季，所以刘邦本来在乡里的名字，可能是刘四，也有人认为应该叫刘三，后来稍稍有名，则改为雅一点的刘季，到有做皇上的意图了，才改为刘邦。当然，做了皇帝，这名，一般人是不准叫，也不准写出来的了，这就是中国历史上著名的避讳制度，所以《史记》里也就没法写了。

悲催的是，因为他的名字里有个"邦"字，其他即使比他早得多，用了"邦"字的东西，也一律得改名号了。最典型的，就是《诗经》风、雅、颂三部分中的风，大家都熟悉的名称是十五国风，但其实，在刘邦做皇帝之前，它不叫"国风"，而叫"邦风"，是为了避刘邦的名讳，才改叫"国风"的。上海博物馆藏战国楚简中，有一篇被题名为《孔子诗论》的，其中提到《诗经》的国风，就还是没有改字之前的"邦风"。[7]

《高祖本纪》里高祖名字和生年的缺失，和这篇本纪里一再宣称的蛟龙、赤蛇、五彩云气等等，恰好形成一种反差很大的对比，并带上了一抹不易为人觉察的讽刺色调。在这样的背景下，我们再度回望《项羽本纪》和《高祖本纪》两篇本纪的关系，就更有意味了。

站在《项羽本纪》的角度看《高祖本纪》，那就像是在冷静地为项羽这个年少轻狂武夫的激越跳动，描述一个壮

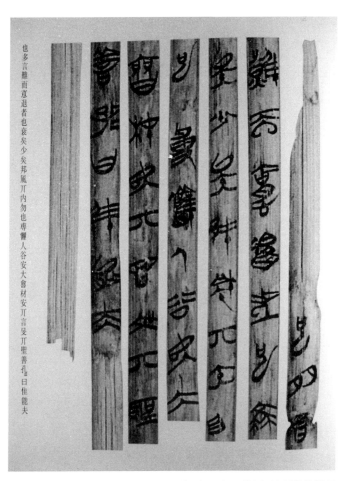

也多言難而㥑退者也衰矣少矣邦風丌内勿也尃懼人谷安大僉材安丌言㝅丌㙱善孔=曰佳能夫

战国楚竹书《孔子诗论》中的"邦风"（右起第三简第四第五两字，图版选自《上海博物馆藏战国楚竹书》第一册）

阔的舞台和深沉的背景；反过来，站在《高祖本纪》的角度看《项羽本纪》，那不过是高祖伟大一生中短暂出现的一颗流星；不过这颗流星曾经很耀眼，借着它的探照，细细查看，你甚至可以发现高祖的一段黑历史。这两篇本纪，就是这样互相纠缠着，为秦汉之际的历史巨变和汉朝初期的制度延续，提供了一种感性的观照和解释，也为历史转折关头人性的真挚、冷漠和变态，画出了一道真切的风景。

说《本纪》

《吕太后本纪》:

改朝换代，跟性别有关吗？

关于《史记》的这一篇《吕太后本纪》，首先要说的是，在许多的《史记》版本里，它的题目，都写作《吕后本纪》，这恐怕是不对的。《吕后本纪》尽管和《吕太后本纪》只差一个"太"字，意思却完全不一样。写《吕太后本纪》，是因为高祖去世后，汉惠帝比较软弱，实际掌握大权的是吕太后，所以有资格让她入本纪；如果写《吕后本纪》，那就是刘邦还活着的时候，他大太太的传记了。刘邦既然有《高祖本纪》，凭什么在一个前后相继的纵向系列里面，吕后还要再写一篇本纪呢？所以这一篇的题目，只能是《吕太后本纪》——我们看《史记》最后一篇《太史公自序》，其中本篇提要的末尾，司马迁写的也是"作《吕太后本纪》"，就可以推知，传世的《史记》各本正文标题作《吕后本纪》，大概是《史记》早期传抄过程中文字被减省

99

的结果。清人张文虎整理《史记》，恢复其《吕太后本纪》原题，是对的。《汉书》在《惠帝纪》后列了《高后纪》，称"高后"，是用了刘邦死后的谥号。但我想，这篇名还是不如《史记》用"吕太后"更恰当。

其次要说的是，《史记》里没有出现刘邦的大名，也没有出现吕后的真实名字。《吕太后本纪》的第一句话是：

说《本纪》

左：清局刻本《史记》作《吕太后本纪》；右：北宋本《史记》的《太史公自序》作"吕太后本纪"

"吕太后者，高祖微时妃也。"意思是吕太后，是高祖还没有发达时候娶的太太。南朝刘宋的时候，注释《史记》的裴骃，在注释这句话时，引用了前人的一种说法，两个字："讳雉。"讳是名讳的意思，雉就是野鸡。这是我们现在能看到的比较早的有关吕后名字的记录。

为什么吕后他爸会给她取个意思是野鸡的怪名字呢？我猜想，吕后可能要么是属鸡的（但是不是酉年生的，无法确定），要么是生在地支属于酉的那一天的。这个猜想，有什么证据可以支持吗？有的。大家可能知道，现在通行的十二生肖顺次，鸡对应十二地支中的酉年，是东汉以后才流行起来的。考古发现的东汉以前表示年份的十二生肖里，比如甘肃天水放马滩出土的秦简《日书》（这是一种类似后代看相算命用的书），鸡对应的十二地支，不是第十位的酉，而是第六位的巳。不过，在另一种秦简《日书》，湖北云梦睡虎地出土的秦简《日书》里，也有十二地支，那不是用来纪年，而是用来纪日的，那里面跟酉日对应的动物，写的虽然是个"水"字，实际的意思，就是跟吕后那个名字一样的"雉"。[1]

那么，《史记》的《吕太后本纪》里，都写了些什么呢？

和前面我们讲过的《项羽本纪》《高祖本纪》不同，这一篇本纪，虽然题目标的是吕太后，那里面写的，却并不都是吕后生前的事情。它的纪事，很明确地分为太后生前和太后死后两大部分。

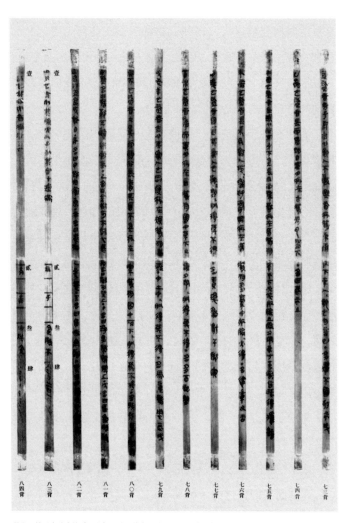

湖北云梦睡虎地秦简《日书》甲种里的十二地支（选自《睡虎地秦墓竹简》，文物出版社，1990年）

"皇后之玺"玉印，陕西省咸阳市韩家湾狼家沟出土，因出土地点距汉高祖吕太后合葬的长陵仅千米，故推定为吕后之印。现藏陕西历史博物馆

太后的生前部分，《吕太后本纪》主要记的，是她做太后以后的事情。这中间有三件事特别突出：一件是对付往日的情敌，一件是控制当今的皇帝，再一件是给娘家人封王。

这三件事，说白了，都是宫斗剧。不过《史记》写法不同：第一件是恐怖片，第二件是伦理片，第三件是纪录片。三个片子还是互相关联的。

恐怖片的主角，是戚夫人，刘邦当年做汉王以后娶的二房。因为当年的戚夫人年轻貌美，吕后被高祖冷落了好一阵；也因为这位戚夫人，执着地想让自己的亲生儿子如意，代替吕后所生的儿子，也就是后来的孝惠帝，做太子，虽然没成功，却让大房的吕后感受到了强烈的生存危机。结果待刘邦一死，孝惠帝登基，吕太后就把她囚禁到了深宫永巷，最后还残忍地砍去她的手脚，挖掉她的双眼，火烧了她的耳朵，让她喝了永远不能再发出声音的汤药，把

103

她扔在厕所里，还送给她一个极度侮辱的绰号——"人彘"，就是人猪。

伦理片的序幕，是已经做皇帝的孝惠帝被吕太后召去看现场版的恐怖片，得知眼前的人彘就是戚夫人，被吓得大哭，当场把君权拱手相让给母后大人，并从此得病，年轻轻的就死了。

于是以眼泪为主题的正片上演了。这回的视角，换成了第三方——年仅十五岁的张公子张辟彊。张公子是留侯张良的儿子，年纪不大，看问题很深刻。在孝惠帝的葬礼上，他发现了一件怪事，就跑去和丞相交流。他问丞相："太后只有孝惠帝这么个儿子，现在驾崩了，却干哭，不掉眼泪，您知道这事的谜底吗？"丞相不知道这孩儿葫芦里卖的什么药，反问他："此话怎讲？"张公子的回答，竟然是："高皇帝没有成年的儿子，太后是怕你们这些老臣啊。您如今不妨奏请，让太后的三个侄儿吕台、吕产、吕禄当将军，带兵控制京城的南北军，让其他吕家人都进宫，在中央机关工作，这样太后才会安心，您几位才可能摆脱祸害。"

如此现实的计谋，出自十五岁的天才，丞相还能说什么呢？只能照办。伦理片就此转场纪录片。只是下面这纪录片免不了都是给这位封侯，替那位封王，或者搞掉这个王，再让那个上，具体的，我们到讲《表》和《列传》时还会涉及，这里就不多说了。

这里我们关心的问题，是司马迁是依据什么史料，来写这宫斗剧的？

当然，基本的框架，应该会参照汉朝的官方档案。但前两部分中，伦理片的细节，应该有别的史料作补充；而恐怖片，则肯定不会出自官方档案和一般文献，而应该有特别的来源。

那么，这些其他的史料、特别的来源，会是上一节我们提到的陆贾的《楚汉春秋》吗？

我们再去读一下清人辑佚的《楚汉春秋》吧，发现里面倒真还有一则吕太后的故事，还跟《史记·吕太后本纪》所写的眼泪故事有关。说是惠帝驾崩后，吕太后想给英年早逝的皇帝儿子起个高高的坟头，那样她从未央宫坐着就能看到。就此各位大将都劝她别这样，太后就是不肯改主意。这时东阳侯出场了，他流着泪对太后说："陛下您如果日夜都能看到惠帝陵墓，那会极度悲痛，流泪不止，这是伤害生命啊。臣下我只能为之悲哀了。"据说太后听了这话，才作罢。

但是我们对照一下《吕太后本纪》，就知道《史记》并没有选用陆贾《楚汉春秋》里的这则故事。不过在《史记》卷九十七《郦生陆贾列传》里，附录了一位叫朱建的传记，涉及一位曾经和吕太后有特殊关系的人，辟阳侯审食其，使我们对于《吕太后本纪》前半部分的史料来源，有了新的猜测。

《吕太后本纪》

105

朱建的名号，和战国四公子之一相同，也叫平原君。他之所以能在《史记》中留名，是因为曾经通过上层关系，帮辟阳侯审食其摆脱钦定罪名，免于一死。审食其怎么成为钦定罪犯的呢？因为有人向孝惠帝告发，说他跟吕太后关系暧昧，而吕太后又心虚，没法帮他说话。

那朱建帮审食其脱罪，司马迁是如何知道的？根据《郦生陆贾列传》篇末的太史公曰，"平原君子与余善，是以得具论之"，这话翻译成现代汉语，就是平原君的儿子跟我关系好，因此我可以比较具体地写这些故事。因为这句话，后代有不少人指责司马迁，说他这样写史，有徇私的嫌疑。但晚清时期整理《史记》颇有功绩的张文虎，却不那么看，而认为其中的纪事，"非徒芜累笔墨也"，[2]就是说也不单单是多余的文字。我个人的看法，是《史记》给朱建列传，尤其是重点写他和审食其的交往，也许是一种暗示，提示像《吕太后本纪》那些不可能为官修档案记录的残酷内情，很可能是由跟吕太后关系非同一般的审食其独家讲述的秘闻，朱建把它们转述给了自己的儿子，朱建之子又讲给了司马迁听。

讲到吕太后的生前事，还有一件跟第二件的控制皇帝有关，就是吕后实际掌握国家最高权力时的公开纪年问题。

根据《史记·吕太后本纪》，孝惠帝死后，在吕太后的操纵下，先后有两位刘氏小皇帝登基即位，第一位即位时虽然标明是新的"元年"了，还是"号令一出太后"，就是所有的官方命令其实全都出自吕太后；第二位上位时，索性"不称元年"了，因为"太后制天下事也"，就是太后管着天下的事呢。这两段傀儡小皇帝的时间，加起来有八年，后来像《资治通鉴》等史书，就直接把这八年用"高后某某年"来标示了。

"高后某某年"的纪年是真实存在过的吗？对此学界有不同的看法。相关学者认为，那个时段吕太后实际掌权，是毫无疑义的，但纪年是很正式公开的大事，吕太后未必会这么做。1980年代前期，湖北江陵的张家山汉墓中，出土了一批西汉初年的竹简，其中有一篇历谱，据考古发现简报，是起于高祖五年，终于高后二年的。但事实上，我们看后来正式出版的《张家山汉墓竹简（247号墓）》一书，这份历谱里从头至尾都没有出现"高后"二字，甚至被判定为高后的那两个年份，文字都正好是缺失的。所谓"高后元年"、"高后二年"的说法，是通过文献考证获得的。因此，高后纪年是否确实实施过，至今依然是个谜。

吕太后在执掌朝政十五年后死了。她一死，《吕太后本纪》的主题和主人公就都变了。这部分也写了三件事：一件是夺南北军，一件是杀姓吕的人，一件是迎代王做新皇帝。掌控局面的主人公，则都是高祖时代的老臣。

这个部分，有一个值得注意的问题，就是那些重新掌握汉王朝实权的大臣，在选择新的汉朝皇帝时，特别注意

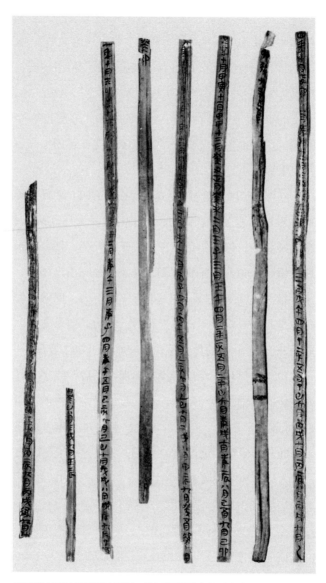

湖北张家山汉墓 247 号墓出土历谱中，最左侧两简研究者考证为高后纪年，但其上部明显断缺，年份已不可见（选自《张家山汉墓竹简（247 号墓）》，文物出版社，2001 年）

他们的生母的家庭情况。比如当有人提出齐悼惠王作为候选人时，就马上有反对意见说，这位齐王的母家姓驷，其中叫驷钧的，是个恶棍；有人提议淮南王，反对的声音里就说他"母家又恶"，只有最后被提名的代王，不仅是汉高祖活着的儿子中年纪最大的，为人仁义，尊奉孝道，个性宽厚，而且同样重要的，是他的老娘薄氏，做人小心翼翼，个性善良，所以最后取得各位大臣的一致同意，把这位代王推举上去，做新一代的汉朝皇帝——就是后来的汉文帝。

这样的结果，当然是吕太后生前不愿意看到的。她的意识里，是刘家和吕家既已结亲，就共享汉朝了。所以从宋代的王观国，到清代的赵翼，都竭力帮吕太后说话，说她根本没有"盗汉之意"，也就是没有窃取汉朝江山的意图。我也同意这样的看法。不过，在当时，那些刘邦的老臣们，想法和吕后并不相同，在他们的意识里，汉家天下，一定是严格的狭义的，具有绝对的排他性，说白了，就是男性的刘家必须独主汉朝。这两者从根本上说，是有冲突的。而结果是大臣们胜利了，所以母系的吕姓一系的人，就统统得死。

记录了那么多的血雨腥风之后，在《吕太后本纪》的末尾，司马迁写了这样一段"太史公曰"：

孝惠皇帝、高后之时，黎民得离战国之苦，君臣俱欲休息乎无为，故惠帝垂拱，高后女主称制，政不出房户，天下晏然。刑罚罕用，罪人是希。民务稼穑，衣食滋殖。

这段"太史公曰"，翻译成现代汉语，是说，孝惠皇帝、吕太后当政的时候，黎民百姓得以远离国家战争之苦，国君和大臣都希望休养生息，无为而治，所以孝惠帝放手不管，吕太后以女天子的身份代行皇帝之职，政令不出房门，天下安宁，很少用到刑罚，犯罪的人因此也很少，百姓们一心一意搞农业，衣食一天比一天丰盛。

从这段太史公曰，结合《吕太后本纪》的叙事，可以明显地看出司马迁的历史书写原则和历史评价标准，是并不相同的：在书写历史时，他的最高原则是求真；而评论历史时，他更倾向于求善。但他不以基于全局因而相对抽象的好评，去掩盖具体的真实的恶；也不以具体真实的恶，而改变从长时段历史看作出的总体性的好评。

因此，司马迁的历史观，在他生活的时代，是具有明显的超越性的。他对于吕太后时期的评价，既超越了姓氏，也超越了性别，而具有更广泛意义上的评判国家领导者的指向。在他看来，宫斗也罢，私心也罢，上升到国家治理的层面，一切应该以是否让老百姓安居乐业，是否合乎普遍的人性，为唯一的价值判断标准。

文、景、武帝三《本纪》：
帝王秘史的可说与不可说

    我想肯定有读者看到题目，就会提出一个问题，就是你为什么要把汉文帝、汉景帝和汉武帝三篇《本纪》，放在一节里讲。

    这个我确实得先解释一下。大家都知道，《史记》的本纪部分总共有十二篇，写汉文帝的《孝文本纪》，和写汉景帝、汉武帝的《孝景本纪》《孝武本纪》，是排次在最后部分的三篇。这三篇本纪的主人公，虽然是西汉王朝前后相继的三位皇帝，三篇本纪本身的性质，却大不相同。

    怎么个不同呢？简单地说，现在通行的《史记》文本中，《孝文本纪》是司马迁写的，完全没有问题；《孝景本纪》是不是司马迁的作品，很成问题；而《孝武本纪》，则不仅文本不是它原来的，连篇名都不是——它本来应该叫《今上本纪》。

那么，既然三篇本纪的性质如此不同，我们为什么还要把它们搁在一块儿来讲呢？这是因为，从《史记》编纂史上看，把它们放在一起讨论，正好可以印证我们这一节的主题：帝王秘史的可说与不可说。

我们先说《孝文本纪》。

《孝文本纪》除了开始部分写文帝如何在大臣的坚持邀约下登基做了汉朝的新皇帝，其余的大部分，都是以过录原文的文帝诏令为中心，来展开这一时期的历史叙事的。这些诏令，包括文帝遗诏在内，总共有二十一则。

以这二十一则诏令为中心的《孝文本纪》，可以说是《史记》写汉代诸位帝王的本纪中，最具正面色彩的一篇。我们读《孝文本纪》，可以很明显地感到司马迁对于这位前代帝王的热爱。篇末的"太史公曰"引孔子的话，说"必世然后仁"，意思是一个朝代，一定要过了一世，也就是三十年，才开始逐步施行仁政，这话也有一定的道理。但就全篇《孝文本纪》而言，文帝被塑造成了一位几乎没有任何缺点的圣人，我们以小人之心度君子之腹，总觉得这其中恐怕难免有理想化、情绪化的成分。

这话怎么讲呢？我们来看看《孝文本纪》里的两个小故事。

第一个故事，跟立太子有关。那是文帝即位不久的事，当时有下属向他建议，应该尽早把太子确定下来。这文帝

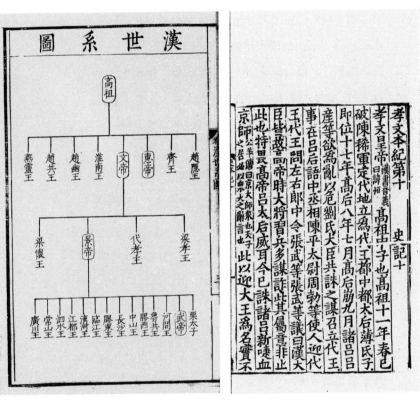

孝文本紀第十　史記十

孝文皇帝〔集解徐廣曰諱恒〕高祖中子也高祖十一年春已
破陳豨軍定代地立為代王都中都太后薄氏子
即位十七年高后八年七月高后崩九月諸呂呂
產等欲為亂以危劉氏大臣共誅之謀召立代王
事在呂后語中令丞相陳平太尉周勃等使人迎代
王代王問左右郎中令張武等議曰漢大
臣皆故高帝時大將習兵多謀詐此其意非止
此也特畏高帝呂太后威耳今已誅諸呂新喋血
京師〔集解張晏曰京大師象也古者天子之居必以大眾辭言也〕此以迎大王為名實不

明万历刻本《史记评林》里的《汉世系图》　　　　影印北宋刻本《史记》里的《孝文本纪》卷端

的反应，非常有意思。他开始是坚决反对，甚至把它提到了"重吾不德"的高度，意思是那会让我道德有亏，后来又搬出了楚王、吴王等受封的诸侯王，说那些诸侯王里面，有很多德才兼备的好同志，如果我真的有个三长两短，你们推举那些品德高尚的同志接班，那是"社稷之灵，天下之福"啊。当然了，最后他被固执的下属说服，很快立了太子。不过通过这颇有戏剧性的一幕，我们发现文帝其实也并不是一个毫无心计的人，在立太子这个问题上，他开始时的激烈反应，其实是对自己同姓兄弟们的一种安抚和试探。

另一个故事，是著名的缇萦救父。缇萦是齐国太仓令淳于公的小女儿，因为父亲犯法，被带到首都长安来用刑，她随父进京，就给最高领导写了封情真意切的信，表示甘愿自己做官奴，代替父亲受刑。这封信，竟神奇地转到了文帝手里，结果引出了文帝下诏"除肉刑"，也就是废除直接戕害身体的刑罚条例。这是一个法外开恩的故事，司马迁却花了不少的篇幅加以描述。后来的研究者认为，这很可能跟武帝时代肉刑已经恢复，司马迁自己又身受腐刑有关。也有人进一步推论，说司马迁之所以在《文帝本纪》里，花如此多的笔墨，描述汉文帝时代政治的宽松，是为了反衬他自己生活着的汉武帝时代的专制。

下面我们来看看《孝景本纪》。

关于《孝景本纪》，学术界一直以来就有很多的争论。

褒贬之间，反差很大。说它写得好的，称赞它是《史记》十二本纪中写得最像本纪的；说它写得不好的，根据的是它的文风，说那根本不像是司马迁写的。

文风什么的其实比较虚，我们还是说点实的。

首先必须肯定的是，这篇《孝景本纪》确实像部分研究者说的，在呈现编年体本纪的特征方面，十分突出，它是严格按照年月顺序来记录景帝时期的史实的。不过，跟《史记》十二本纪的其他篇章相比，它写得实在太简短了。而且，最引人注目的，是这一篇本纪，从头至尾，竟然完全没有讲过一个故事。司马迁的《史记》，除了十表和八

汉景帝阳陵考古发现的殉葬陶俑，因衣着腐朽而皆成裸体

书里的个别篇章，都讲故事；本纪里没有故事，那还能叫《史记》吗？

其次值得注意的是，今本《景帝本纪》的内容，跟司马迁在《史记》的其他地方为这篇本纪写的提要，明显不合。

要说清楚这个问题，我们要先介绍一下，中国早期的古书，和现在各位还比较容易看到的十六世纪以后的中国书，在体裁上的一个明显不同。

我们熟悉的书，无论古书新书，通常都有目录，目录通常都是放在全书正文的前面的，对吧。但是早期的中国古书，它们的篇章目录，不是放在正文开始的前面，而是放在正文结束的后面。那目录里面，每一篇章名称之下，还带有简短的内容提要。这种带有提要的全书目录，一般还是跟作者的自序和传记合在一块儿，组成一个篇章的。这一著述样式，古书中遗存至今，最典型的，就是《史记》最后的那篇《太史公自序》。

在《太史公自序》里，有《史记》全书的提要目录，其中《孝景本纪》的提要，是这样写的：

> 诸侯骄恣，吴首为乱。京师行诛，七国伏辜。天下翕然，大安殷富。作《孝景本纪》第十一。

这段提要翻译成现代汉语，就是：诸侯骄傲放纵，吴王为首作乱。京城里因此开了杀戒，最后参与叛乱的七个诸侯国都被拿下。就此天下和谐，非常地太平、殷实而富足。
我们拿这段提要，跟今本《史记》的《孝景本纪》相对照，
发现在《太史公自序》提要里，作为景帝一朝最重要历史
事件的七国之乱，在《孝景本纪》里竟然只有短短的六十
来个字；而提要后半段里写的"天下翕然，大安殷富"，
《孝景本纪》里好像也没有什么具体的描写。

所以后来像写《太史公书亡篇考》的著名学者余嘉锡，
就确信《孝景本纪》的原文已经失传了，现在我们看到的
《孝景本纪》，大概是晋朝人依据遗存的汉朝文献编写的。

那么，《孝景本纪》的原文，会是在什么样的情形下失传
呢？这方面，有一则源自三国时期的特殊传闻，可以参考。

说是《史记》的景帝本纪和武帝本纪两篇，曾经被汉
武帝要去抽看，看了以后，汉武帝大怒，这两篇本纪因而
遭到削除，也就是用刀把它们写在竹简上的文字都削掉
了。[1]武帝本纪被削除以后，变成了什么模样，我们下面
会说。至于《孝景本纪》这篇为汉武帝的老爸立传的文字，
到底写了什么，触及了已经当皇帝的儿子的敏感神经，令
他大怒，则已经无法考证了。

最后我们讨论一下《孝武本纪》。

在这一讲开始时，我们就说了，《孝武本纪》根本就不
是司马迁的原作，连篇名都不是。那现在《史记》里的这
篇《孝武本纪》，是从哪里来的呢？

明刻套印本《史记钞》中节选的《孝景本纪》和《孝武本纪》，两篇节本开头都列了《太史公自序》中两篇本纪的提要

    我想不少读者已经知道，这篇《孝武本纪》，是从《史记》八书的《封禅书》里抄出来，抄的是《封禅书》后半部分，文字完全一样，连"太史公曰"也一字不落抄过来了。这是司马迁自我抄袭吗？当然不是，而是原稿遗失或被删除后又由后人妄加的，当然加上去的时间，大概不会太晚。

    为什么《孝武本纪》的原稿会遗失，或者竟要被删除呢？这就要讨论一下，这篇本纪，原本究竟写了什么。

    我们也采用上面讨论《孝景本纪》时用过的方法，看看《太史公自序》里的相关提要，是如何介绍《孝武本纪》的。

像 帝 武 漢

明人拟想的汉武帝像

《太史公自序》里写武帝本纪的提要，篇名还是原来的，叫《今上本纪》，具体说的是：

汉兴五世，隆在建元，外攘夷狄，内修法度，封禅，改正朔，"易服色"。作《今上本纪》第十二。

这段话开头的八个字"汉兴五世，隆在建元"，是说咱们汉王朝前后已经有五个皇帝当朝，而最强盛的时代，要数武帝的建元年间。建元年间如何强盛呢？第一，"外攘夷狄"，那指的自然是攻打匈奴；第二，"内修法度"，这说的大概是崇尚儒家学术等政治措施；第三，"封禅，改正朔，易服色"，这些都是礼仪制度上的具体举措。从字面上看，《今上本纪》写的内容，应该完全是歌功颂德，毫无"政治"问题啊。

但是且慢。清代女学者李晚芳，在她写的《读史管见》一书中，写过一段评论《史记·平准书》的文字，可以提供给我们一个认识《今上本纪》的参照。《平准书》是《史记》的八书中，专门讨论经济制度源流的一个篇章。李晚芳对它的基本判断是，这是一篇"谤书"，也就是诽谤之作。为什么呢？她分析说：

当时弊政甚多，将尽没之，则不足为信史；若直书之，又无以为君相地。太史于是以敏妙之笔，敷绚烂之辞，若吞若吐，运舍讥冷，刺于有意无意之间，使人赏其绚烂，而不觉其含讥；赞其敏妙，而不觉其冷刺。[2]

意思是汉代弊政甚多，司马迁如果都不写，《史记》就不足为信史了；但如果直书其事，那让皇帝、丞相的脸往哪儿搁。所以司马迁在写法上玩了一点花招：他用他的那支生花妙笔，铺写了一大篇非常绚烂的文辞，而吞吞吐吐之中，其实蕴含着冷刺骨髓的嘲讽。一般人看了，只是欣赏它的一片绚烂、无限高妙，而感觉不出其中到处隐含着的无情嘲讽和阴冷讥刺。

李晚芳说《平准书》的这类冷嘲热讽，我们想，在《今上本纪》的原稿里应该是更多吧。那样在汉武帝的时代，这篇《今上本纪》的文字，当然也必须跟《景帝本纪》一样，被从竹简上削掉了。

《孝文本纪》《孝景本纪》和《孝武本纪》，这三篇本纪的文本，在历史中浮沉起伏，命运各异，反映了中国的传统史书，在书写当代历史时，难免遭遇的困境。专制帝王的日常生活，不可避免地连接着政治，也就自然有必须说、可以说、可说可不说，和绝对不可以说的分别。而一个有主见的历史学家，即使在个人实践中突破了当时的限制，有什么就写什么，怎么想就怎么写，但当他的史书完成，在现实世界中自由或不自由地传播时，有一些他个人根本无法控制的东西，依旧会凭借特定的气候，像幽灵一样附着上来，用各种方式，曲解、篡改甚至消解掉他心爱作品的某些组成部分。所幸像《史记》这样风骨犹存的历史巨著，历经沧桑，依然活着，它们千疮百孔的躯体，成为检测后来读者的智商、学养和洞察力的绝好素材。

说《本纪》

第二卷

说《表》

画一个网格，把历史填进去，把人填进去

《三代世表》:

中国最早的家谱，是胡编出来的?

我们前面用了十节的篇幅，讨论了《史记》五体的第一体"本纪"。从这一节开始，我们要进入《史记》五体的第二体——表。这一节先讲排在《史记》十表第一篇位置的《三代世表》。

在讲这篇《三代世表》之前，我想还是有必要先说一下，"表"是怎样的一种文本。

生活在现代世界，表格的应用，是十分普遍的事。你无论是上学，还是找工作，不填个表，是不可想象的。不过你大概不会想到，表格的本源，其实是一种纯粹传统的历史文献样式。

表的形式来源，一般认为应该是"周谱"，也就是周代的谱牒，性质类似后代的家谱族谱。周代的家谱族谱，外

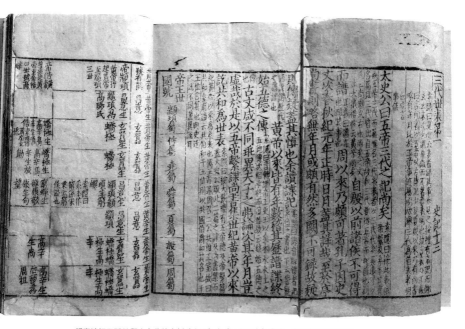

明嘉靖间王延喆翻南宋黄善夫刻《史记》本《三代世表》卷端、序及表格起始部分

观上是个什么模样，现在已经无法看到了。而依据传世文献和出土文物，研究者认为，汉朝人所谓的谱，其实是历法与谱牒结合的"历谱"。[1]历法关乎天文，谱牒记录人事，两者原不相干。但太史令的职掌范围，正好是上及天官，下兼历史。所以比较合乎逻辑的推论就是，《史记》的十表，用表格的形式，按世系、年月和国别纵横谱写历史中的人和事，应该是司马迁综合"历""谱"两者，而推陈出新的一种历史文本。

那么，具体到《三代世表》，它又是一份怎样的表格呢?

从文本的组成上看，《三代世表》分为三个部分：序、表的正文和表后面的一篇"张先生褚先生问答"。其中表的正文，又分为前后两个部分，我们姑且称它们为表1和表2。

表1由纵向五十四列、横向八行组成。其中第一行是"帝王世国号"，第一行的第一列里记的，就是五帝系统里的黄帝。第一行下面的七行，都以"属"为名，比如颛顼属、周属等，属在这里是世系的意义。七行的前四行，分别为颛顼、俈(喾)、尧、舜之属，它们和第一行第一列的黄帝，组成五帝系列；后三行，分别为夏、殷、周之属，它们组成三代系列。这两个系列合为一表，无论纵还是横，最早都归到黄帝，所以表1可以说是黄帝的家谱。算起来，它也可以说是中国最早的家谱了。

不过这个我们称之为表1的黄帝的家谱，混乱和矛盾的地方，还是蛮多的。

最典型的，像第一行的最后，倒数第二格，说从黄帝到殷纣王有"四十六世"，而倒数第一格，说从黄帝到周武王才"十九世"。周武王比殷纣王要晚，怎么从黄帝开始算，反而经历的世代会比殷纣王还短呢？

那么，这样的家谱，是司马迁胡编出来的吗？

当然不是。

为什么说它不是司马迁编造的呢？这就需要我们读一读位于《三代世表》正文之前的那篇序。

这篇序，是以"太史公曰"开头的，分两段，第一段的大意是说，五帝和夏商周三代的记载，虽然有很悠久的历史，但殷商以前的诸侯国，其实是没法编次它们的谱系的，周朝以下，才有相关的记录。孔子依据鲁国官史文献编次《春秋》，每记一事，一定会写鲁君的纪元年岁，标明四时、日期和月份，差不多算是很详细了。但到他编次《尚书》的时候，就很简略，没有记什么年月，有的地方稍微多记了一点，但同时又有很多缺失之处，都没有办法写定。所以孔子的做法是，凡是有疑问的地方，就让疑问留着，这真是很谨慎的做法。

第二段说，我读谱牒记录，从黄帝以下都记有年数。但考察那些日历、谱牒和金木水火土这五德的流转，古文献记录又都不同，矛盾歧义之处很多。这样看来，孔夫子不讨论和排次那些文献的年月，真不是没有原因的啊！于是我用《五帝系谍》《尚书》等汇集史料，记录黄帝以来到周朝共和时候为止的世系，编纂了这份《三代世表》。

由此可见，司马迁这份《三代世表》，第一，并不是胡编乱造的，是有根据的；第二，他知道其中有很大的矛盾，但他认为既然原始文献原本就有很多矛盾，我解决不了，不如向孔子学习，"疑以传疑"，就让它们原样呈现。

那么，我们再来具体读读《三代世表》的表1，还会发现什么问题呢？

第一个问题，是夏、殷、周三系的横格中，在大禹、商汤和周武王之后，事实上都存在的后继的君王却都消失了。像第六行的夏属，到"文命，是为禹"就结束了，下面就都是空格了；第七行的殷属，到"主癸生天乙，是为殷汤"结束了，下面都是空格了；又如周属，到"文王昌生武王发"也结束了，下面也都是空格了。这不是很奇怪吗？

要解答这个问题，很多学者都会想起历史上的一个著名的说法，就是出自东汉学者桓谭写的《新论》一书里的一句话："太史《三代世表》，旁行邪上，并效周谱。"这里的"旁行"，比较好理解，就是横向的行自右向左展开；这里的"邪上"，就不容易理解了。那究竟什么叫"邪上"呢？

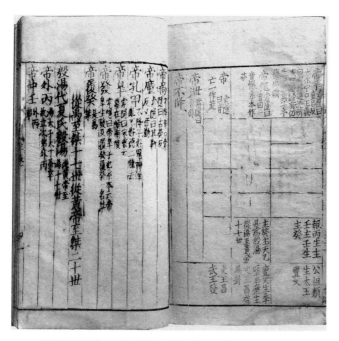

明嘉靖间王延喆翻南宋黄善夫刻《史记》本 《三代世表》中的"旁行斜上"

"邪上"的"邪"，在桓谭那里是写作"邪恶"的"邪"，但实际上它跟"歪歪斜斜"的"斜"是同一个意思。南京大学古文献研究所的赵益教授，写过一篇《〈史记·三代世表〉"斜上"考》，[2] 很好地解答了这个问题。

赵教授文章的大意，是夏属、殷属和周属，本是在各自横栏里从右向左发展的，到大禹、商汤和武王之后，他们各自传承的历史，自动向左上方斜指，转入第一行的相应的格子里了。

具体地说，大禹之后，接班的应该是斜上角第一行里的"帝启";商汤之后,紧接着的应该是斜上角第一行里的"殷汤代夏氏";而周武王之后,接续的应该是斜上角第一行里的"周武王代殷"——这就叫"旁行斜上"。

这一形式,实话实说,有点别扭。但从实用的角度看,却让家谱和国史,两条不同的历史线索,合于一表,还是蛮有创意的。

除了这个"旁行邪上",《三代世表》的表1里面存在的另一个问题,是出现了不是帝王的伊尹。

只要通翻一遍《三代世表》的这个表1,就可以发现,里面纪录的都是帝王,只有在第一行的第二十六格里,出现了伊尹的名字,那不是帝王,而是商朝的老臣。这是怎么回事呢?

按照《三代世表》的记录,当时殷商的帝王是太甲,此王的特点,是一个"淫"字。别误会啊,这个"淫",不是淫荡的意思,而是指做事过分。因为太过分了,所以前朝老臣伊尹只得出来干预:他把太甲放逐到一个叫桐宫的地方,软禁起来,三年以后,幽闭在桐宫里的太甲悔过自新了,获得了伊尹的谅解,被迎了回来,重新执政。

这就是著名的伊尹放太甲于桐宫的故事。《史记》的《殷本纪》和《三代世表》里,都记录了这个故事,虽然文字详略有所不同,却一直是作为君臣理想关系的典范,而被广泛传扬。正统历史学家看重的,既有作为大臣的伊尹磊落无私,也有作为君王的太甲知过善改。因为从后

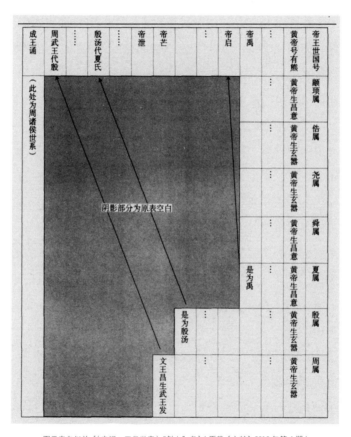

图示来自赵益《〈史记·三代世表〉"斜上"考》(原载《文献》2012 年第 4 期)

代的实际情形看，重复这样清纯如水的故事，简直是天方夜谭。

不过西晋时代出土的《竹书纪年》，解构了这一经典故事。在那部相传是战国时代魏国人所作的编年体史书中，保存的商代史料，触目惊心。说当时的真实情况，是伊尹放逐太甲后，篡位自立，而太甲被关了七年，实在憋得慌，就设法逃出桐宫，杀了伊尹。[3]

历史是如此地扑朔迷离，我们不知道究竟应该相信两种说法中的哪一种。不过《史记》把前一个版本的伊尹故事，留在原本记录帝王世系的《三代世表》里，应该是有原因的。我们推测，《史记》所依据的更早的文献，在处理伊尹故事时，可能遇到过类似《竹书纪年》所记的后一个版本，为了强化自己记录的前一个版本的伊尹故事的正确性，才不合常规地把伊尹的名字，和放太甲于桐宫的故事梗概，都保留在了本是专门记录帝王名号世系的文本中。

《三代世表》正文的表2部分，虽然与表1紧密相连，但实际的格式并不相同。它从"成王诵"开始，到"共和，二伯行政"为止，共有十列，十二行。外观上看比表1更像一份历史年表，但其实仍然不是年表，而是世系表。

这份表格，除第一行是周王世系外，周王以下的十一行，所列的都是周朝分封的诸侯，依次是鲁、齐、晋、秦、楚、宋、卫、陈、蔡、曹、燕十一国。从第一纵列看，其中初封的鲁周公旦、晋唐叔虞、卫康叔、蔡叔度、曹叔振铎和燕召公奭六位，都是周王的同姓，也就是都姓姬；宋和陈，分别是殷商和五帝中的舜的后裔。余下来比较特殊的三家，是齐、秦、楚，他们在《三代世表》里都属于异姓封王。其中的齐太公尚，也就是后代俗称的姜太公，来头很大，是周文王和周武王的导师；楚国的熊绎之所以能封王，是因为他爹曾经给周文王打过工；而只有秦，从表2里看，什么都不是，却也和其他封国同列。这是为什么呢？

这是因为秦具有特殊性。这种特殊性，可以从两个方面来看。一是周秦关系特殊，这一点我们在讲《秦本纪》和《秦始皇本纪》时已经提过；二是从保存史料的角度而言，先秦部分的秦王世系，有比较充分的材料，又别无可放之地，就只能放在这里了。

《史记·三代世表》的表文之后，还有一篇张先生和褚先生的问答。这个不是《史记》的原文，是西汉后期一位叫褚少孙的博士自己加上去的。

褚少孙为《三代世表》加的这一大段文字，历来遭到很多人的痛骂。但说实在的，这有点冤枉了这位褚先生。他加这段对话性的文字，是好心，是想替司马迁弥合矛盾。因为司马迁一方面在《史记》的本纪里，按照《诗经》的描写，记录了商的先祖契和周的先祖后稷，都无父而生，也就是生来就不知道爹是谁，另一方面又在《三代世表》里把他们都归入黄帝的直系后代。两者明显是有矛盾的。但这位褚先生的解释，除了"信以传信，疑以传疑"八个字，还比较靠谱，其他什么天命之类一大堆，真的都是很没有用的话。他尤其不知道的是，司马迁其实并不在乎《史记》里存在这一类的矛盾，他似乎更喜欢让自相矛盾的史料在他的大书里互相较量争斗，以此显现历史的纷繁复杂与难以捉摸。

《三代世表》是只录世系，不系年月的。它的终点是共和，从共和元年开始，中国历史才有明确的连续不断的纪年。而共和以前的年岁，历代多有人研究考证，成果则毁誉参半。最近的成果，是著名的夏商周断代工程。但因为在方法和材料方面存在比较多的问题，工程的有关夏商周三代纪年的阶段性结论，至今未被学界普遍接受。[4]

因此我们今天翻开任何一本正规、通行的中国历史纪年表，它们的正文，依然是从公元前841年的共和元年开始的。这依据，追溯起来，就是来自《史记》。

《十二诸侯年表》:

群雄混战的时空演示图

上一节我们讲了《史记》五体的第二体"表"的开篇《三代世表》,这一节我们接着讲第二篇《十二诸侯年表》,主题是:群雄混战的时空演示图。

《十二诸侯年表》和《三代世表》在时间上是前后相接的,交接点都是周朝的"共和"年间;但两个表给人的感觉,是完全不同的:看《三代世表》,有点像雾里看花,看不真切;而《十二诸侯年表》呢,翻开第一页,就让人神清气爽。为什么呢?因为它有明确的纪年了,而且这纪年是连续不断,一贯到底的。

这种连续不断、一贯到底的纪年,在今天通行的中华书局标点本《史记》里,表现得最直观、最明确,因为它的《十二诸侯年表》,在表格的外边,都标出了公元纪年,从公元前841年,到公元前477年,总共是三百六十太史公讀春秋曆譜諜，至周厲王，未嘗不廢書而歎也。曰：嗚呼，師摯見之矣！紂為象箸而箕子唏。周道缺，詩人本之衽席，關雎作。仁義陵遲，鹿鳴刺焉。及至厲王，以惡聞其過，公卿懼誅而禍作，厲王遂奔于彘，亂自京師始，而共和行政焉。是後或力政，強乘弱，興師不請天子。然挾王室之義，以討伐為會盟主，政由五伯，諸侯恣行，淫侈不軌，賊臣篡子滋起矣。齊、晉、秦、楚其在成周微甚，封或百里或五十里。晉阻三河，齊負東海，楚介江淮，秦因雍州之固，四海迭興，更為伯主，文武所褒大封，皆威而服焉。是以孔子明王道，干七十餘君，莫能用，故西觀周室，論史記舊聞，興於魯而次春秋，上記隱，下至哀之獲麟，約其辭文，去其煩重，以制義法，王道備，人事浹。七十子之徒口受其傳指，為有所刺譏褒諱挹損之文辭不可以書見也。魯君子左丘明懼弟子人人異端，各安其意，失其真，故因孔子史記具論其語，成左氏春秋。鐸椒為楚威王傅，為王不能盡觀春秋，采取成敗，卒四十章，為鐸氏微。趙孝成王時，其相虞卿上采春秋，下觀近勢，亦著八篇，為虞氏春秋。呂不韋者，秦莊襄王相，亦上觀尚古，刪拾春秋，集六國時事，以為八覽、六論、十二紀，為呂氏春秋。及如荀卿、孟子、公孫固、韓非之徒，各往往捃摭春秋之文以著書，不可勝紀。漢相張蒼歷譜五德，上大夫董仲舒推春秋義，頗著文焉。

太史公曰：儒者斷其義，馳說者騁其辭，不務綜其終始；曆人取其年月，數家隆於神運，譜諜獨記世謚，其辭略，欲一觀諸要難。於是譜十二諸侯，自共和訖孔子，表見春秋、國語學者所譏盛衰大指著于篇，為成學治古文者要刪焉。

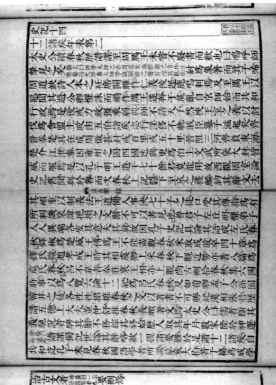

周	魯	齊	晉	秦	楚	宋	衛	陳	蔡	曹	鄭	燕	吳
庚申 共和元年	十四年	十年	十八年	四年	七年	十八年	十四年	十四年	二十三年	二十四年		二十四年	

明末毛氏汲古閣刻《史記》本《十二諸侯年表》卷端，序和表格正文開始部分

五年。

不仅如此，在《十二诸侯年表》的最上一个横栏里，你还可以看到以天干为序的干支纪年，除了开头的周朝共和元年标出"庚申"，最后的周敬王四十三年标出"甲子"，中间凡是天干是甲乙丙丁的"甲"的年份，都一一标出了。

不过，这些干支纪年并不是《史记》原本就有的。干支纪年东汉时才开始流行，《十二诸侯年表》上方的这些干支纪年标注，据清代乾嘉学派的代表人物钱大昕考证，应该是东晋一位名叫徐广的学者注释《史记》时添加的，其中还不乏错误。至于公元纪年，16世纪才由欧洲传教士带入中国，19世纪在中国的信教人士中间流行，20世纪上半叶才被作为国家正式纪年使用，所以《十二诸侯年表》外的那些公元纪年，显然是现代人添加的。

既然都是后来人添加的，还有什么必要在这里特地讲呢？因为即使没有干支纪年和公元纪年，《十二诸侯年表》里还是有更重要的确定的时间信息，就是周朝君王和各国君主的在位时间——专业的称呼，叫"积年"。

因为周朝和各诸侯国的君主的积年都确定了，《十二诸侯年表》才有如此稳定、清晰的面貌。也因为《十二诸侯年表》有如此稳定、清晰的面貌，中国的历史，才可以从你所在的年份，逐年追溯上去，连续不断。这中间是没有"大约某某年"这样的东西的，全部是绝对确定的年岁。从这个意义上说，对《十二诸侯年表》无论加以什么样的赞美之词，应该都是不过分的。

那么，司马迁是怎么编出这份具有如此重要的历史价值的《年表》的呢？

现代著名学者王国维先生，对此有一个著名的说法。在他的论文集《观堂集林》一书里，有一篇《史记所谓古文说》，在那篇论文里，他说："太史公作《十二诸侯年表》，实为《春秋》《国语》作目录。"意思是《十二诸侯年表》其实是以两部先秦典籍《春秋》和《国语》为基础编纂的，是它们的"目录"也就是章节内容概要。

王国维这样说，当然是有证据的。这证据之一，就在《十二诸侯年表》表格正文前的那篇序里。

这篇序，从"太史公读《春秋历谱谍》"开始，以周历王（就是我们在讲《周本纪》时讲过的那位让老百姓都闭嘴的奇葩之王）为引子，带出了西周末到东周时期，诸侯中的五霸迭次兴起，挟天子以令诸侯的史实。中心的话题，则是孔子编《春秋》，左丘明为《春秋》作注解，成《左氏春秋》（也就是今天俗称的《左传》），以及之后的各类"春秋"编纂史。在历数儒家学者、纵横家、编历日的人、算命师和传世谱牒各自的偏执之处后，太史公提出自己的综合方法，归结说：

于是谱十二诸侯，自共和讫孔子，表见《春秋》《国语》学者所讥盛衰大指著于篇，为成学治古文者要删焉。

这句话翻译成现代汉语，就是：由此我谱录十二个诸侯国，从西周的共和元年到孔子的时代，力图呈现研究《春秋》《国语》的学者们所体察到的历史盛衰大要，并写定为这一篇表，为学者们利用古文字书写的古籍，提供一个删节提要本。这其中对《春秋》《国语》的强调，尤其是对《春秋》的大段述说，证明司马迁的编纂《十二诸侯年表》，一

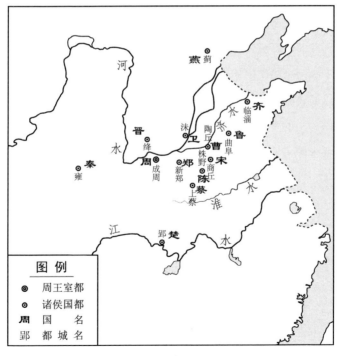

春秋十二诸侯国示意图

定与此书有极大的关联。

王国维说"太史公作《十二诸侯年表》，实为《春秋》《国语》作目录"，另一方面的证据，是在《十二诸侯年表》的正文里。

我们看《十二诸侯年表》，首先遇到的第一件令人迷惑的事，就是它横向的栏，除了第一栏是周朝，不算诸侯，其余所列，从上到下，依次是鲁、齐、晋、秦、楚、宋、卫、陈、蔡、曹、郑、燕、吴，那明明是十三个诸侯，为什么篇名却题作"十二诸侯"呢？

对此历史上有过不少的解释。相比之下，明朝学者傅占衡的解释最为合理。这位傅先生说，《史记》之所以谱写了十三个诸侯国的事迹，篇名却题为"十二诸侯"，是因为这篇表是"以鲁为主"，也就是以排次在周朝下面一栏的鲁国为主的。为什么这么说呢？因为《十二诸侯年表》的主要来源，是《春秋》，而《春秋》的纪年，是鲁国君主的纪年，鲁国因此在年表里有特殊地位，所以不计。[1]

那么，这是否意味着，司马迁在编《十二诸侯年表》的时候，至少鲁国的部分，就直接抄《春秋》了呢？

也不是的。我们把《春秋》的白文，就是没有加过任何后来人注释的《春秋》本文，跟《十二诸侯年表》相对照，可以发现，两者还是不同的。司马迁对《春秋》是有所取舍的，也有所改写的。比如公元前720年，也就是鲁隐公三年，《春秋》的原文里写的是："三年，春，王二月，己巳，日有食之。"到《史记》的《十二诸侯年表》里，就被缩减修改为"二月，日蚀"。

此外应该特别指出的是，司马迁所利用的《春秋》，主要是带有左氏注解的《左传》，其中不少文字，不取《春秋》的经文，而用了《左传》的传文。比如公元前694年，也就是鲁桓公十八年，《十二诸侯年表》的鲁国一格里，记有鲁桓公带夫人赴齐国，齐侯却与鲁桓公夫人私通，并派人将鲁桓公杀死在车上的故事。而我们看《春秋》，这一年只记了正月鲁桓公和夫人文姜到齐国去，接着就是四月份鲁桓公神秘地死在了齐国，没有别的话。倒是在《左传》的这一年里，详细地记录了鲁桓公带文姜去齐国，齐侯与文姜私通，被鲁桓公发现，结果鲁桓公反被齐侯派去的杀手做掉的狗血剧情。其中的"齐侯通焉"一句关键语，一字不差，为《左传》和《十二诸侯年表》共有，可见太史公依据的，一定是《左传》。

顺便说一下，现在大家相对比较熟悉的《左传》作者是左丘明的说法，最早也是出自《史记》的这篇《十二诸侯年表》。

《十二诸侯年表》最精彩的地方，是在严格明确的时间延展线索中，还有空间的历史演化轨迹，成就了一个时空并举的历史长卷。我们在本纪、世家和列传里看不太清楚的宏观场景，在这里往往有全局性的展示。

大家还记得我们在讲《周本纪》时，曾经讲过的那个晋文公召周襄王狩猎河阳的故事吗？周襄王二十年，晋文公作为周朝名义上的诸侯之一，为了做诸侯们的老大，竟然"召"周襄王，也就是下令让周襄王来他指定的地方。《春秋》为尊者讳，把这件事写成了"天王狩于河阳"，意思是天子去晋国的河阳打猎了。这事在《周本纪》里是写得极其简单的，只有结果，没有原因。

周襄王二十年，就是公元前 632 年。我们把《十二诸侯年表》的这一年翻出来，看看这一年的诸侯列国史，《年表》是怎么写的。

在周朝一格里，记的是我们熟悉的"王狩河阳"，就是周王去晋国的河阳打猎了。在周朝下面的鲁国一格里，记的是"公如践土会朝"，意思是鲁公去践土参加拜见周王的活动了，这其中的"践土"，也是晋国的地名。[2]

周王和鲁君都跑到晋国去，这晋国到底发生了什么大事呢？

答案就在鲁国下面一格的齐国里，那一格里写的是："会晋败楚，朝周王。"意思是齐国和晋国一起打败了楚国，因此朝见周襄王。在下面的第五个格子秦国、第九个格子陈国、第十个格子蔡国，都有类似的"会晋伐楚"的表述，意思是"和晋国一起讨伐楚国"。可见这次讨伐楚国的战争，是一次国际行动，而打头的，就是晋国。

晋国打头的联军，和楚国军队是在哪里开打的呢？楚国一格里有记载："晋败子玉于城濮。"原来这场国际战

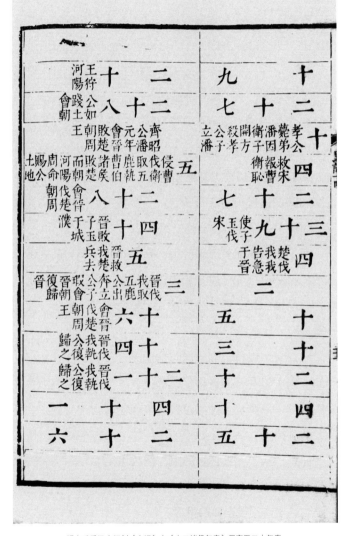

明末毛氏汲古阁刻《史记》本《十二诸侯年表》周襄王二十年表

争，就是春秋史上著名的城濮之战。而子玉，则是楚军的将领。

晋国为什么要和楚国开打呢？答案在楚国下面的一格宋国里："晋救我，楚兵去。"是为了救挨楚国打的宋国。

晋国这一打，还有什么好处呢？晋国一格里写了，有两个重大突破，一个是"侵曹伐卫，取五鹿，执曹伯"，就是趁机把曹国和卫国两个小国教训了一下，拿下了卫国一处名叫五鹿的地方，还把曹国国君曹伯给逮住了。另一个重大突破，是"诸侯败楚而朝河阳，周命赐公土地"，就是晋国和其他诸侯国一起打败楚国，在晋国的河阳朝见周襄王，周襄王下令赐给晋文公土地。

至于晋国教训卫国和曹国，除了在同一竖列的卫国和曹国的格子里，有可以互相印证的文字，还可以从晋国的横栏向前推一年，就是公元前633年的晋国一格里，找到答案，因为"救宋"，是为了"报曹、卫耻"。而所谓的曹、卫之耻，又可以再上溯到四年前的公元前637年，在那一年的卫国一格和曹国一格里，都记录了当时尚未成为晋文公的重耳，落难从齐国经过曹、卫两国时，都受到了"无礼"的对待。

你看，从"天王狩于河阳"的故事出发，围绕着城濮之战，通过《十二诸侯年表》看到的，是不是一个比《周本纪》更丰富、更全面的世界？

当然，熟悉《史记》的读者可能会说，你这个只是拿《周本纪》跟《十二诸侯年表》比较的结果。《史记》里不是还有一篇《晋世家》吗？那里面不是也写了城濮之战吗？

不错，《史记》的《晋世家》里也写到了城濮之战，而且因为写了不少参与者的对话，整体上远比《十二诸侯年表》生动。不过有一个细节应该提醒大家注意，就是《晋世家》毕竟是站在为晋国立传的角度写的，所以对当年这场战争的国际化程度，并没有过多关注，其中虽然有一句"宋公、齐将、秦将与晋侯次城濮"，但像《十二诸侯年表》里提到的陈、蔡两国也追随晋国开打楚国，就没有写。

因此可以说，《十二诸侯年表》做得最成功的，是在时空并举的历史长卷中，向读者展示了单凭本纪、世家和列传都看不太清楚的纵横交错的宏观历史场景。在这样的宏观历史场景中，哪怕是一个点、一个单一的历史事件，因为是处在二维平面的表格之中，都会比一般的叙述性的文字，更容易与前后上下的其他点发生直接的视觉关联。而那些点，又往往是跨越了时间和国别的，因而它们呈现的历史现象，会超出它们本身在所在那一格里面的那几个字的字面意思，而通过读者的联想，具有一种穿越时空、自我重组的力量。二维平面的表格，因此在一定条件下也得以立体化，成为读者心目中可以回溯的三维的历史空间。

我们说"表"是《史记》的骨架，就是在这样的意义上说的。南宋著名文献学家郑樵说"《史记》一书，功在十表"，[3] 我想主要也是从这样的角度出发而得出的结论。

《六国年表》:

帝国统一的长时段前奏

上一节我们讲了《十二诸侯年表》，这一节我们讲《六国年表》，主题是：帝国统一的长时段前奏。

讲《六国年表》，碰到的第一个问题，和上一节我们讲《十二诸侯年表》一样，就是名不符实。

《十二诸侯年表》里，除了周王朝，实际有十三个诸侯。《六国年表》里，即使单单从表格上看，也不止六个，除了最上一栏的周朝，我们数一下，秦、魏、韩、赵、楚、燕、齐，有七个啊，这是为什么呢？

名为《六国年表》，实际至少记录了七国，原因和上一节我们讲《十二诸侯年表》类似，是有一个国家，不算在篇名的"六国"之内，那就是秦国。为什么秦国可以不算呢？因为这篇《六国年表》，和我们讲过的《秦本纪》《秦始皇本纪》一样，都是以"秦记"也就是秦朝当时的编年档案为基础编纂的。

太史公讀秦記，至犬戎敗幽王，周東徙洛邑，秦襄公始封為諸侯，作西畤用事上帝，僭端見矣。禮曰「天子祭天地，諸侯祭其域內名山大川」。今秦雜戎翟之俗，先暴戾，後仁義，位在藩臣，而臚於郊祀，君子懼焉。及文公踰隴，攘夷狄，尊陳寶，營岐雍之間，而穆公修政，東竟至河，則與齊桓、晉文中國侯伯侔矣。是後陪臣執政，大夫世祿，六卿擅晉權，征伐會盟，威重於諸侯。及田常殺簡公而相齊國，諸侯晏然弗討，海內爭於戰攻矣。三國終之卒分晉，田和亦滅齊而有之，六國之盛自此始。務在彊兵并敵，謀詐用而從衡短長之說起。矯稱蜂出，誓盟不信，雖置質剖符猶不能約束也。秦始小國僻遠，諸夏賓之，比於戎翟，至獻公之後常雄諸侯。論秦之德義不如魯衛之暴戾者，量秦之兵不如三晉之彊也，然卒并天下，非必險固便形勢利也，蓋若天所助焉。

或曰「東方物所始生，西方物之成孰」。夫作事者必於東南，收功實者常於西北。故禹興於西羌，湯起於亳，周之王也以豐鎬伐殷，秦之帝用雍州興，漢之興自蜀漢。

秦既得志，燒天下詩書，諸侯史記尤甚，為其有所刺譏也。詩書所以復見者，多藏人家，而史記獨藏周室，以故滅。惜哉，惜哉！獨有秦記，又不載日月，其文略不具。然戰國之權變亦有可頗采者，何必上古。秦取天下多暴，然世異變，成功大。傳曰「法後王」，何也？以其近己而俗變相類，議卑而易行也。學者牽於所聞，見秦在帝位日淺，不察其終始，因舉而笑之，不敢道，此與以耳食無異。悲夫！余於是因秦記，踵春秋之後，起周元王，表六國時事，訖二世，凡二百七十年，著諸所聞興壞之端。後有君子，以覽觀焉。

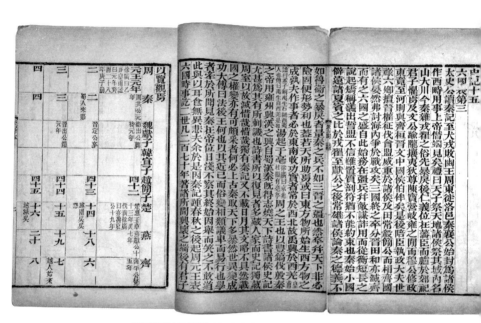

周	秦	魏獻子 韓宣子 趙簡子	楚	燕	齊
元王元年	厲共公元年		惠王		
二			四十二	十四	十八
三			四十三	十五	十九
四			四十四	十六	二十

清光緒年間金陵書局刻《史記》本《六國年表》卷端、序和表格正文開始部分

细心的读者可能已经看出来了，我们上面提到《六国年表》实际记录的国家是七国，在七国的前面，加了"至少"二字，这又是为什么呢？

我们知道《六国年表》和前一篇的《十二诸侯年表》，在时间上是前后衔接的：《十二诸侯年表》结束于周敬王四十三年，也就是公元前477年，《六国年表》开始于周元王元年，也就是公元前476年，两者在年份上是无缝对接的。不过有一个形式上的问题，不知你注意到没有，《十二诸侯年表》的最后一个竖的行列，除了陈国和曹国因为已经亡国而成空白，其他的周朝和十一个国家都还在，怎么到《六国年表》，除了周朝，这诸侯国就突然缩减为七个了呢？

这就要说到司马迁对于《六国年表》的精心设计了。

从历史时段看，《六国年表》上起周元王元年，下至秦二世三年，纵横谱写的，是公元前476年到公元前207年，这二百七十年间的历史。这段时间中的绝大部分，也就是读者在名称上都很熟悉的战国时期。而说到战国，大家就很容易想起战国七雄，《六国年表》除了周王朝之外，横向的行，从上到下安排的，秦、魏、韩、赵、楚、燕、齐，就是那"七雄"。事实上无论是今天通行的战国时期的起始年代，还是战国七雄这一称呼，根据都是《史记》这篇《六国年表》。

不过，战国七雄虽然在《六国年表》里各占一行，

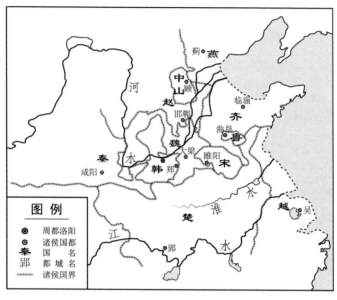

战国七雄示意图

但最开始的时候，它们的档次是不同的：实际和前边的《十二诸侯年表》完全相衔接的只有四个，就是秦、楚、燕、齐；而余下的三个，魏、韩、赵，当时其实还都只是晋国三位大臣的领地。所以《六国年表》的第一栏里，七雄的称呼都是不一样的：最气派的是楚国，和周王朝一样，称王，叫楚惠王；其余的比较正常的，是称公，像秦厉共公、燕献公、齐平公都是；最低级的，只能称子，都出自晋国，就是魏献子、韩宣子和赵简子。

那么，魏、韩、赵三家的主人——晋国，在哪里呢？

在第三行的魏一栏里。我们翻到公元前 475 年那一纵列，在魏那一个格里，可以看到"晋定公卒"四个字，这个有关晋国的纪事，最特殊的地方，是形式上比其他的普通的魏国纪事要低一格排，意思是这些晋国的纪事，是附带着放在这里的。而之所以把晋国的纪事附在魏国一栏里，是因为晋国最后是在公元前376年被魏、韩、赵三家瓜分灭掉的，而魏在《六国年表》里，是三家里排次在最上一栏的，所以就把战国时期晋国的史实附录在了魏国一栏里。

这样的在一国的纪事中，低一格附录其他国家的史事，在《六国年表》里还有很多。像郑国就附在韩国一栏里，因为公元前375年韩灭了郑；宋国附在齐国一栏里，因为公元前286年，齐灭了宋；蔡国、鲁国、吴国、越国都附在楚国一栏里，因为公元前447年和前249年，楚分别灭了蔡和鲁，而吴国，是在公元前473年被越国灭了的。这些都可以在《六国年表》相应的栏格里找到记录。只有越国，在《六国年表》里有头无尾，不过我们通过《史记》的《越王勾践世家》，可以知道它是在楚威王在位时（公元前339—公元前329年）被楚国打败的。

这些被附录在战国七雄里的大小国家中，最牛的是卫国；这个卫是保卫的卫，我们姑且叫它小卫国。这个小卫国的战国史，是低一格附记在另一个魏国栏里的。那个魏，是三国时代曹魏的魏，我们姑且称之为大魏国。小卫国怎么牛呢？直到大魏国都被秦灭了，这小卫国还在，你

河南濮阳高城春秋战国时期卫国都城遗址发掘现场

在《六国年表》里还就找不到"某灭卫"这三个字。而据《史记》的《卫康叔世家》记载，这个小卫国的最后一届领导——君角，在乱世中干了二十一年，直到秦二世上位后，才被废为庶人，也就是平民，这小卫国才算寿终正寝。

说到这里，我想你应该明白了，司马迁是用了一种怎样的设计，完美地让《六国年表》在史实上跟《十二诸侯年表》对接。被低一格附记的晋、郑、宋、蔡、鲁、吴、卫七国，加上到战国时期依然强盛的秦、楚、燕、齐四国，正好十一个，就是《十二诸侯年表》结束时剩余的诸侯数。

除了和《十二诸侯年表》对接，《六国年表》里写的最多的，是七国之间的血腥争斗；尤其是秦统一六国之前，六国和秦的较量。《六国年表》所记的这种较量，和《史记》的有关世家、列传相比，不是具象的，而是宏观的，其中隐含了一种世家、列传所罕有的全局性的悲剧气氛。

这里我们就举一个例子，公元前241年的纪事。《六国年表》的这一年，只有秦、魏、楚三国的格子里有文字记载。秦国一格里记的，是"五国共击秦"；魏国一格里记的，有两句话，一句是"秦拔我朝歌"，另一句低一格，写的是："卫从濮阳徙野王"；而楚国一格里记的，是"王东徙寿春，命曰郢"。三件事好像毫无联系。但是如果我们参看各国的前面几年的年表，再对照《史记》的其他相关篇章，可以发现这三国的这一年的纪事，其实密切关联，互为因果，并直接影响了以后的六国历史进程。

所谓"五国共击秦"，据《秦始皇本纪》，指的是这一年韩、赵、楚和魏、卫五国联合，共同进攻秦国的一次国际行动。又根据《春申君列传》，这次行动，就是战国诸侯为对付日益强大的秦国而采取的"合纵"之举；"合纵"名义上的"纵长"，是楚国的考烈王，而实际的主帅，则是当时的楚国丞相、战国四公子之一的春申君。

韩、魏、赵三个兄弟之国之所以会参加此次攻击秦国的行动，是因为它们在这之前都有被秦国侵占领土的屈辱记录。远的不说，单看《六国年表》里提到的，就有韩桓惠王二十九年（前244年），"秦拔我十三城"；魏景愍王元年（前242年），"秦拔我二十城"；赵孝成王二十年（公元

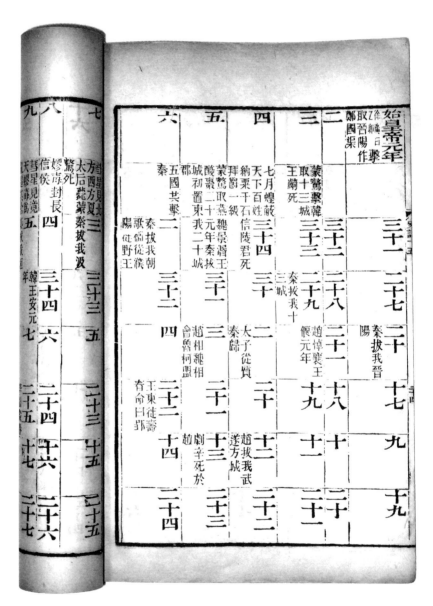

清光绪间金陵书局刻《史记》本《六国年表》所记秦始皇六年（前241）"五国共击秦"部分

前 246 年），"秦拔我晋阳"。这里的"拔"，就是夺取的意思。至于小卫国，当时是大魏国的附庸。只有楚国，以力量强盛而被推举担任"纵长"的国家，它参战的目的，是要跟秦国一争霸主的地位。

但是很遗憾，这次"五国共击秦"的行动，很快就以失败而告终。失败的直接后果，就是《六国年表》的公元前 241 年栏里，写在魏国和楚国格子中的那两件看似毫无联系的史事：一件是低一格记录的，小卫国从濮阳迁居到了野王；一件是楚国迁都寿春，并定名新首都叫郢。小卫国之所以迁居，据《秦始皇本纪》，是因为以濮阳为首都的卫国，在参与五国攻秦后，被秦反攻而破了国，所以不得不搬家。而楚国的首都，据《春申君列传》，之前是在一个叫陈的地方；这时候之所以迁都去寿春，据《楚世家》，也是由于本年度跟诸侯一起讨伐秦国，没成功，也只好搬家了。

也许有的读者会说，既然本纪、世家和列传里都有如此详细的记录，司马迁干嘛不干脆把相关的记录，都写进《六国年表》，那不是更好，读者看起来也更方便吗？

原因还是年表这一体裁的编纂方式。我们前面说过，《六国年表》是以"秦记"为基础编纂的。但事实上秦以外的六国的具体史料，有一些残篇断简到西汉前期还是存在的。比如我们上面引的《六国年表》的文字里，有不少都带个"我"字，像"秦拔我十三城"之类，这些应该就是那个国家自己的原始文献记录。这些包括"秦记"在内的原始文献记录，如果你有时间比对，可以发现有些甚至跟《史记》的其他篇章所记是有矛盾的。我们想，司马迁应该是为了保存这些难得的史料的原本样态，以利于后人的再研究，才在《六国年表》里这样吝啬他的笔墨。《六国年表》里留下了一些似乎不该有的空格，原因我想也在于此。

《六国年表》从公元前 246 年开始，横向的周王朝一栏消失了，周的位置并入了秦国；进一步地，从公元前 220 年开始，年表全体不再分横向的栏，只有逐年的纵向的格子，此后所记，都只有秦一国的史事。大家一看就明白，前者是秦灭两周，后者是秦统一六国。

那么，在《六国年表》里面，司马迁是如何看待秦国的这一系列大动作的呢?

这就需要我们回过头来，读读《六国年表》正文前的那篇序。这篇序，写得迂回曲折，在《史记》十表序中，是套路很深的一篇。

这篇序，是从"太史公读《秦记》"写起的，开场白里一句"僭端见矣"的惊呼，意思是"僭越的端倪已经显现出来了"，瞬间营造出一种紧张的气氛，让人不得不跟随作者跨越千年，去回顾秦和各诸侯国犯上作乱的史实。

这史实足够混乱，其中的关键词，除了欲望、僭越、背叛，还有以强凌弱。这样的时代，多的是权谋，少的是

说
《表》

信用，即使"置质剖符"，也不再能约束谁了。所谓"置质"，就是以人质做抵押；[1]而"剖符"，是像竹子那样可以一剖为二，双方各持一半，作为信用凭证符号。

但司马迁对在混乱时代里脱颖而出的秦国，态度十分暧昧。他对于秦焚烧《诗》《书》与六国的历史记录，是非常惋惜的，但也好像并未因此对秦恨之入骨。一个明显的证据，是《六国年表》的秦始皇三十四年一栏里，对那场给中国文化带来深远影响的焚书事件，一个字都没有提。而在年表的序里，他既从不可知的神秘主义角度出发，说历史上成功者大都兴起于西北，又说"秦取天下多暴，然世异变，成功大"，意思是秦夺取天下主要靠暴力，但能随时代的变化而改变其政策，所以成就很大。如此不同寻常地为秦国以暴力手段一统天下辩护，肯定其合理性，不免令人惊讶。

司马迁为什么会对秦抱持这样一种态度呢？

这中间不能说没有他作为一个汉朝人的局限。像序里面不经意间写的那句"汉之兴自蜀汉"，意思是汉朝是从巴蜀汉中兴起的，言下之意，因为汉跟秦一样都起于西北，所以成功了，就说明司马迁转弯抹角地为秦的成功，涂上一层宿命的色彩，其实很可能不过是想借此表达，他身处的汉王朝能够立国，具有无可辩驳的正统性。但同时我们也要注意，即使秦焚烧了几乎所有的官藏六国史料，让司马迁父子纂写《史记》变得异常艰难，司马迁却依然在

《六国年表》序里对秦作出这样有所肯定的评价，是因为他是把秦放在更长更广阔的历史视野中来考量的。在他看来，任何改变历史走向的事件和主体，都是历史学家最应该关注的；而秦的统一六国，是事实上第一次在国家层面实现了中华民族的统一，这无论如何都是应该载入史册的壮举，尽管这一壮举的背后，有太多的无耻、暴力和血腥。

《秦楚之际月表》：
大王轮流做，本月到我家

上一节我们讲了《六国年表》，这一节我们讲《秦楚之际月表》，主题是：大王轮流做，本月到我家。

讲这篇《秦楚之际月表》之前，我们先回到上一节讲过的《六国年表》。在《六国年表》的最后，有纵向的三个格子，名义上记载的是秦二世元年到三年（公元前209—公元前207年）的历史。但细心的读者可能已经注意到了，那份表格最后一个纵向的格子里记录的，并不全都是发生在秦二世三年（公元前207年）这一年里的事情。其中写在最后的一句话是："寻诛羽，天下属汉。"虽然这句话开头的那个字是"寻"，就是不久，意思是不久把项羽杀了，然后天下都归属了汉朝，但其实天下真正"属汉"，要到五年以后的公元前202年才实现。因此《六国年表》最后的那三个格子，名义上只有三年，其实记了八年的事情，也就是公元前 209 年到公元前 202 年这八年的历史。而《秦楚之际月表》呢，就是把这八年的事情进一步细化，横向上从右向左，按每年十二个月展开，所以叫月表。

那么，这份月表的纵向的行列，是怎么排的呢？这个也可以跟《六国年表》作一个比较。《六国年表》在秦统一六国前，除了周朝，从上到下排着的，是秦、魏、韩、赵、楚、燕、齐七国，而《秦楚之际月表》的开头第一列，从上到下排着的，是秦、楚、项、赵、齐、汉、燕、魏、韩九个。除了项和汉两家，其余七个，如果不考虑先后次序，两份表中出现的名号，竟然是完全一样的。

嗯？被秦统一的六国，这时又全部复活了？

别激动，别激动，告诉你真相：全是山寨货，扯个旗号而已。

比如排在第三位的赵国，在月表秦二世元年八月一格里，写的是："武臣始至邯郸，自立为赵王，始。"话好像还没写完，但意思是明白的，说这位名叫武臣的，这个月才跑到战国时代赵国的都城邯郸，自己给自己封了个赵王的名号。一看就是个冒牌货。

又比如排在第五行的齐国，它的开国君王，名叫田儋。据说是跟战国时候的齐国君主沾点亲带点故的。而月表的秦二世元年九月一格里，明确写着此人的出身，是"狄人"，这个狄在哪里呢？在今天山东的高青县东南，这里离战国时齐国的首都临淄虽然不算远，但拿的毕竟不是正宗的王二代王三代户口了。

那怎么到这个时候，忽然时兴起山寨六国来了呢？这么大的事情，难道没人管吗？

还真的就没人管，因为这个阶段，是秦国走向崩溃，汉朝尚未建立的时刻。这个阶段，最时髦的旗号，是楚，楚国的楚。因为当年被秦征服的六国中，最有资格、最有力量，而且也最持久地跟秦一较高低的，是楚国。所谓"楚虽三户，亡秦必楚"，意思是楚国即使只剩下三户人家了，最后灭了秦国的，还一定是楚国。而事实上，在秦朝严酷的统治下，最早打出反秦大旗，还真的就是楚国故地之人，就是那位振臂高呼"王侯将相，宁有种乎"的带头大哥——陈胜。陈胜和他的小伙伴们打出的旗号，据《陈涉世家》说，就叫"张楚"，是张大楚国的意思。陈胜死后，被不同的反秦势力先后抬出来做大旗的楚王景驹和楚怀王熊心，也都顶着个"楚"字，所以《史记》这一篇月表的名称，就题为"秦楚之际"了。[1]

《秦楚之际月表》的横向的行里面，排次在楚之下的项，是项梁、项羽叔侄俩打头的一支暴动部队。这是月表的前半部分风头最健的一支，项羽曾经把楚的旗号都接了过去，号称西楚霸王。不过这位骄傲的霸王，后来被那一支不山寨六国的汉打败了，而汉的主人，就是后来的汉朝的创始人——刘邦，当时应该还叫刘四、刘三或者刘季。

秦楚之際月表第四

史記十六

太史公讀秦楚之際曰初作難發於陳涉虐戾滅秦自項氏撥亂
誅暴平定海內卒踐帝祚成於漢家五年之間號令三嬗
自生民以來未始有受命若斯之亟也

昔虞夏之興積善累功數十年德洽百姓攝行政事
考之于天然後在位湯武之王乃由契后稷
修仁行義十餘世不期而會孟津八百諸侯猶以為未可其後乃
放弑

秦起襄公章於文繆獻孝之後稍以蠶食
六國百有餘載至始皇乃能并冠帶之倫以德若彼
用力如此蓋一統若斯之難也秦既稱
帝患兵革不休以有諸侯也於是無尺土之封墮壞名城銷鋒鏑
鉏豪桀維萬世之
安然王跡之興起於閭巷合從討伐軼於三

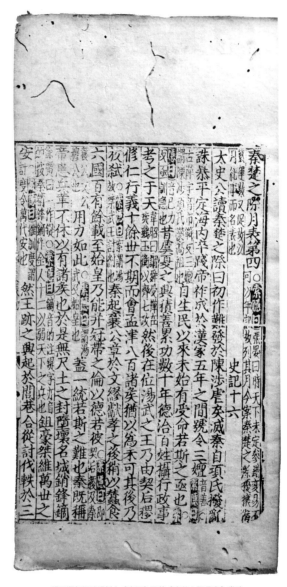

明天順年間游明刻本《史记》里的《秦楚之际月表》卷端

简单地说，一篇《秦楚之际月表》的看点，前半是秦楚较量，后半是楚汉相争。两者的分界线，在月表秦二世三年后一年（也就是公元前 206 年）的秦历的十二月。月表这个月前后的横栏的数量都是不同的：这之前，是九个；这之后，一下子变成了二十个。之所以有那么大的变化，是因为当时秦二世已经被秦朝奸臣赵高杀死，而各路反秦势力中，数项羽一支的力量最为强悍，因此虽然大家名义上奉楚怀王为宗主，事实上却只能接受项羽的分封结果。而那二十个，就是项羽拆分前边八家，给诸路豪杰分地封王的结果。

无论是写山寨版的六国及其同伙，还是写拆分后的二十个小王国，站在汉朝和汉朝以后正统历史学的角度看，《秦楚之际月表》最大的问题，是政治不正确。你看，在这份月表里，唯一一条可以贯穿始终的红线，不就是咱们汉家吗？可司马迁居然没有把汉放在最上面、最醒目的一栏，而只放在了前半部分九个横栏里的第六栏，后半部分二十个横栏的第十一栏，而且没有任何特殊的标识。要知道，在前半部分，那个曾经和我们伟大的汉高祖一争天下的楚霸王项羽一系，是排在第三位的；而在后半部分，跟高祖同在一系做邻居的，竟然是三位向项羽投降的秦朝败将，雍王章邯、塞王司马欣和翟王董翳。这成何体统！

不仅如此，在月表的具体格子里，对汉高祖的描写也

163

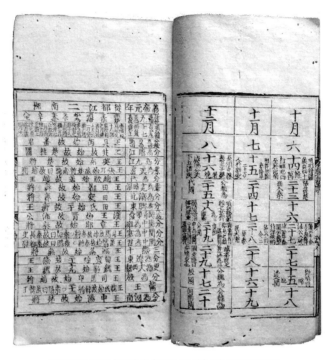

明天顺年间游明刻《史记》本《秦楚之际月表》义帝元年前后的变化

几乎不用仰视的角度，只是客观叙述；而对高祖曾经和后来的死对头项羽联合作战，又毫无忌讳之意，一再写出。这怎么可以啊！

不过，两千年后，站在现代人的立场上读《秦楚之际月表》，我们不得不佩服司马迁的勇气、定力和智慧。正是他坚持以史实作为历史书写的最高原则，我们才能通过这么一份头绪纷繁、错综复杂的月表，看清秦是如何崩溃的，汉又是如何起来、如何壮大、如何成功的。具体来说，因为紧接秦之后，有机会担任全国性老大的就是项羽，而刘邦当时事实上是追随项羽的，所以项家一系的位置，在月表里必须高于汉家。又因为项羽要压制、恶心已经露出争霸势头的刘邦，故而等秦朝灭亡，他可以自行分封诸侯的时候，特意把刘邦安排到了他认为绝对麻烦的、原来秦朝的中心地带关中附近，并在刘邦的近旁，安插了前朝的三位败将，给他们封王，所以月表后半的安排，如果不违背史实，就只能把汉王国和这三个秦将小王国放在一起。至于写作的视角和无所忌讳，实际上换个角度看，正可以显出汉高祖那种以结果为导向的处世原则，对于刘姓汉家在各种势力的夹缝中脱颖而出，具有的决定性意义。

明人拟想的刘邦、项羽像

165

这里要特别提一下，作为历史学家的司马迁，在书写当代史方面显示出的高超的政治智慧。这证据，就在《秦楚之际月表》开头的序文里。

这篇序，用现在文章的分段方法，可以分为三个自然段。第一自然段是客观地回顾当代史，从陈胜最初的发难，到项氏叔侄的灭秦，再到汉家平定海内，最终登上皇帝宝座，特意指出："五年之间，号令三嬗，自生民以来，未始有受命若斯之亟也。"意思是五年之中，发号施令的最高统帅就换了三个，自从有人类以来，就没有见过接受天命之事像这样快速的。[2]

第二段是进一步回顾古代史。这话题拉得就有点远了，从虞夏之兴，说到汤武革命，再落脚到秦始皇"并冠带之伦"，也就是把山东六国那样的以讲究礼仪为中心的国家都吞并了，最后发了一句感慨："以德若彼，用力如此，盖一统若斯之难也。"意思是即使像虞、夏、商、周那样一直有良好的德行，或者像秦国这样历代持续发力，一统天下的事情还是这样地困难。

最后一段是点题。从秦王称帝，担心再打内战，所以不再分封诸侯写起，写了秦想要维持一个万世平安局面的良好愿景，和为此采取的一系列措施。接着话锋一转，说没承想新的君王，已经悄悄地从民间小巷子里诞生了。这之前秦颁布的一系列禁令，正好帮助贤达之人完成驱除大难的工作。所以结论是："故愤发其所为天下雄，安在无土

说
《表》

不王。"意思是：所以只要发愤做自己的事情，就可以当天下的首领，怎么可以说没有封土就不能够成就王业呢？然后顺流而下，完全切换到歌功颂德的频道。先是虚问一句：这应该就是经传里所说的"大圣人"了吧？然后提高声响，连着高呼两遍：这不是天意吗，这不是天意吗！再回头归结说，不是大圣人，还有谁有资格这样接受天命、做皇帝呢！

你看，典型的拍马屁文字，却写得峰回路转，还通篇没有出现过一次领袖的姓氏，这水平，真是高！要是不读一下《秦楚之际月表》的正文，你都要怀疑司马迁的历史书写原则是否改变了呢。

但司马迁毕竟是司马迁，他用这样奇妙的组合，在序文和月表正文之间造就了一种特殊的张力，既迎合了当朝政治的需要，又相对完整地保留了未被歪曲的当代史的基本演变发展线索。

我们多次建议大家，读《史记》一定要读全篇，为什么要坚持这么说呢？这篇《秦楚之际月表》，就是一个最好的例子。

汉兴以来王侯三《年表》:

分封制背后的两难

上一节我们讲了《秦楚之际月表》，这一节我们讲《史记》表的部分涉及汉朝王侯的三篇《年表》，主题是：分封制背后的两难。

不知大家注意到没有，《史记》的表，总共才十篇，其中有五篇，都涉及汉朝的封王与封侯。这五篇谱写汉朝封王与封侯故事的表，依次是：《汉兴以来诸侯王年表》《高祖功臣侯者年表》《惠景间侯者年表》《建元以来侯者年表》和《建元已来王子侯者年表》。单听篇名就可以知道，除了第一篇是讲封王的；其余的四篇都是讲封侯的，汉代封侯比较多，所以又分了三段：汉高祖时候是一段，汉惠帝到汉景帝时候是一段，建元以来也就是汉武帝时候又是一段（建元是汉武帝做皇帝以后的第一个年号）。不过汉武帝的时候，那些被加封了王的名号的王们，又被允许拆分自己

明正德间刘氏慎独斋刻本《史记》里的《汉兴以来诸侯王年表》《高祖功臣侯者年表》《建元以来侯者年表》卷端，篇名均被省略为简称

的王国土地，给自己的王子们，让他们有机会封侯。所以建元以来的封侯统计表，又分成了两份：一份是普通的由中央直接分地立国，并加封名号的侯，另一份是王们分自个儿的地给心肝宝贝儿子们，再由中央给这些王子们加封名号的侯。

本节我们从上面讲的五篇中，选三篇，合为一讲，来作一点讨论。这三篇，就是写封王的那一篇《汉兴以来诸侯王年表》，和两篇写封侯的《高祖功臣侯者年表》《建元以来侯者年表》。

那么，为什么要把这三篇放在一起讲呢？因为这三篇，从线性的历史角度看，前两篇在汉朝的头上，第三篇在司马迁生活的当时，而从《史记》五体的"表"这一文本体裁看，前一篇是横向地展示诸王，后两篇是纵向地铺叙列侯，互相之间既有密切关联，又可以前后上下对照，而凸显的，是同一个重要的问题，就是分封制。

什么是分封制？简单地说，就是老大占了一块过于庞大的地盘，自己管不过来，就把自己看中的部分留下来，其他的都瓜分给两种人，一种是当年跟着自己跑马占地的小兄弟，一种是自己的嫡亲儿子。分给了他们，老大就基本不管这些分出去的地上是长草还是长花了。

跟分封制相对的，是郡县制。什么叫郡县制？就是老大占了一块很大的地盘，自己管不过来，但还是要管。怎么办，就先把这块地盘分成若干个小地盘，然后找了一批职业经理人，给他们发工资发路费，让他们跑去那里，代替自己管。代管总归不放心啊，所以这些职业经理人就需要定期回来汇报，还需要定期轮换岗位。

秦始皇统一六国前，夏商周的周，施行的大都是分封制。到了秦始皇，脑子一热，改成了郡县制。结果才到二世，秦就崩溃了。为什么会崩溃呢？大家都认为是专制，而专制在政治制度上的表现之一，就是不成熟的郡县制。于是到了刘邦建立汉朝，虽然表面上继承了秦朝的郡县制，但朝野上下最感兴奋的，是与此同时，分封制又回来了。

司马迁的时代，正好是这一轮分封制由热转凉的时代，留下了很多分封的档案，其中有些应该还是他参与编纂的，像《汉兴以来诸侯王年表》的序文最后，有"臣迁谨记高祖以来至太初诸侯"这样的话，意思是为臣司马迁恭敬地记录从高祖到今上太初年间的诸侯王情况。这样的话，应该不是司马迁为了编纂《史记》这部私家历史而写的，而是他编《史记》时，直接引用了自己担任公职时主持的有关项目里的文字。因为他熟悉有关的档案，所以才会在十表里面，安排五表也就是一半的篇幅，详细地谱写到他的时代为止汉朝的分封制实况。

这其中《汉兴以来诸侯王年表》一篇，是专门谱写汉朝封王的历史实况的。它开头的序文里，把历代王朝分封的历史，扼要地概括为五等变二等，也就是从最初的公、侯、伯、子、男五个等级，到汉朝简化为王和侯两个等级。而这一变化之中产生的关键词，则有两组，一组叫推恩、削地，一组叫强本干、弱枝叶。这两组关键词，还是互为因果的：前一组说的是，受了帝王的恩惠，被封为王的人，应该把这份帝王给与的恩惠再推广，分地给自己的子孙，这就是"推恩"；而帝王那一边呢，为了防止诸侯王们做大，无法控制，还得想方设法削减甚至收回已经分给王们的土地，这就是"削地"。一边推恩，一边又削地，其结果，就是关键词的第二组：帝王，这好大一棵树，主干强盛；而诸侯王，以及诸侯王们的王子王孙，这些枝枝叶

叶，无形之中，被逐步削弱了。于是，整个国家，又开始
向郡县制靠拢。

《汉兴以来诸侯王年表》的正文，正是对上述分封历
史演变态势的具体说明。它横向方面，从右向左，一年一
格，从汉高祖元年（公元前 206 年），一路排到了汉武帝
太初四年（公元前 101 年），前后超过了一百年。纵向方
面，从上到下，分为二十七行，除了第一行是汉朝纪年，
下面每一行就是一个王国；不过最开始的时候，这些行
大都是空白的，留有文字的只有十行（除汉朝），也就是
高祖时代最早分封的十个诸侯王国：齐、荆、淮南、燕、
赵、梁、淮阳、代、长沙。随着表格向左延展，空白的表
格和左边栏里，逐步出现更多的文字，到汉景帝中元三年
至后元三年（公元前 147 年—公元前 141 年）那几年，根
据左边栏里的记录，纵列里的诸侯王国数，达到了最高
值，有二十五个。景帝后元三年之后，诸侯国的数量，又
有所回落。

《汉兴以来诸侯王年表》的正文里，纵向的同一列里，
文字最密集，且最触目惊心的，是汉景帝三年（公元前
154 年）。这一年的楚、济南、菑川、胶西、胶东、吴、赵
七国的格子里，写的都是"反，诛"二字。熟悉这段历史
的读者应该知道，这就是西汉著名的七国之乱。这是由吴
王带头，借了"清君侧"（也就是扫除皇上身边的坏人）的
名义，挑战汉景帝的一场皇家灾难，这挑战当然不是无缘

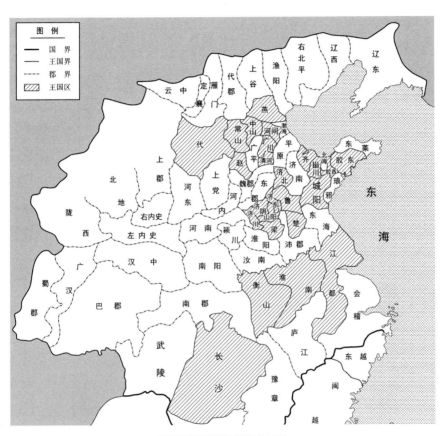

图例

国　界
王国界
郡　界
王国区

右北平　辽西　辽东

云中　定襄　代郡　上谷　渔阳

雁门

代

上郡

北地

陇西

广汉

蜀郡

巴郡

武陵

长沙

河东

河内

左内史

汉中

南郡

豫章

闽越

东越

会稽

上党

右内史

颍川

南阳

汝南

燕

中山

常山　广平

赵

魏郡

河间　渤海

广川

清河

平原

济南

齐

北海

东莱

胶东

胶西

琅邪

城阳

东海

梁

楚

沛郡

淮阳

淮南

衡山

庐江

泗水

江都

东海

鲁

山阳

济阴

济北

东郡

汉景帝时诸侯王国数达最高达二十五个

无故起来的，原因是汉景帝身边的大臣晁错，给景帝出了个强硬但有点冒进的点子：削藩，也就是搞掉一点过于强大的诸侯王。诸侯王当然不干了。两边没谈拢，结果就动刀子了。具体的情形，可以参看《史记》的《吴王濞列传》。

司马迁是看透了历史大势的人，他完全了解分封制在汉朝的两难境遇：封国势力太大，影响朝廷安全；封国被切割得太细碎，则帝王的个人权力又会毫无制衡。但他的内心，终究对于人类以血缘为纽带的亲情，怀有一份纯真的梦想，所以在这篇《汉兴以来诸侯王年表》正文前的序的最后，他委婉地规劝已经过于强势的一方："形势虽强，要之以仁义为本。"意思是别老觉得自己占了好地盘，实力

徐州北洞山西汉楚王墓王土彩绘俑（《文物》1988年第2期）

强悍，最重要的，还是要以仁义为立身之本。

接下来我们要讨论的《高祖功臣侯者年表》，谱写的是汉高祖所封各个侯国的历史。它的形式，跟上面我们讲的《汉兴以来诸侯王年表》正好相反：《汉兴以来诸侯王年表》的纵列是时间轴，横向的行是各个诸侯王。这篇《高祖功臣侯者年表》，是每一个纵向的列，就是一个侯国，从右向左，排列了一百四十三个。横向方面，则除了第一第二行分别为国名和侯功（就是因为什么功劳而封侯），从第三行开始向下到第八行，是时间轴，每一行，代表一个汉朝皇帝时代，从上到下，依次是高祖、惠帝、吕太后、文帝、景帝和武帝，每个皇帝的在位年数，标在年表开头的第一个纵向行列的皇帝名号下，像"高祖十二"，就是指高祖在位十二年。此外，年表的第九行也就是最后一行，还列出了"侯第"也就是封侯的等级。

这篇《高祖功臣侯者年表》，按照清代写《读史记十表》的汪越的推断，应该是以汉代前期的一个国家项目为基础编出来的。理由是《汉书》里记录的吕太后二年，由丞相陈平负责，给列侯们按功劳打分评等级，项目成果最后写定两份，正本收藏在宗庙里，副本放进官府档案馆。司马迁利用的，应该就是那个副本。

至于这份年表给人留下最深刻印象的，应该是表序里的一段名言："居今之世，志古之道，所以自镜也。"意思是站在现在的立场，记录古代的事理，目的是像照镜子一样照一照自身。"通古今之变"的宗旨，在《史记》中真可以说是无处不在。

讨论完了《汉兴以来诸侯王年表》和《高祖功臣侯者年表》，我们最后要讲的，是专门谱写汉武帝封侯史的《建元以来侯者年表》。

这份年表，形式上和上面讲的《高祖功臣侯者年表》类似，也是纵列都是各个侯国，共计七十三个；横栏除了侯国的国名和侯功，从第三行开始，按汉武帝在位时的年号排次，从上到下，依次是元光、元朔、元狩、元鼎、元封和太初以后。全表谱写的，是各个侯国在武帝一朝的发家史或者落魄史。

这篇《建元以来侯者年表》很特别的地方，是这些在汉武帝时代受封的侯国，它们的开国主人，几乎全部是因为军功或者跟战争有关的事情而封侯的。所以，从某种程度上说，它可以当三分之一篇《武帝本纪》看。我们前边说过，《史记》的《武帝本纪》，原稿已经找不到了，现在留在《史记》里的那篇《武帝本纪》，是后人截了半篇《封禅书》冒充的。所幸《史记》留下了许多武帝时期的纪事，可以略微弥补一下这遗憾，《建元以来侯者年表》就是这类纪事文字之一。

在《建元以来侯者年表》的序里，司马迁从"二夷交

西汉著名将军霍去病墓前的"马踏匈奴"石雕　陕西茂陵博物馆藏

侵"的当代国际关系史说起，所谓"二夷"，就是北边的匈奴和东南边的闽越，他举了《诗经》里相关诗句为证，然后高调宣布："况乃以中国一统，明天子在上，兼文武，席卷四海，内辑亿万之众，岂以晏然不为边境征伐哉！"意思是而今中国已经一统天下，圣明的天子高高在上，文武兼备，国内管理着亿万群众，国际方面怎么可以安安静静，不做一点跨出国境、出征讨伐的事呢！

如此疯狂的好战的文辞，是司马迁的真心话吗？当然不是。跟我们前边讨论过的《秦楚之际月表》的序类似，这些文字，都是烟幕弹。真正关键性的东西，都在表的正文里。

《建元以来侯者年表》的正文里写的，是些什么内容呢？

除了第二行的"侯功"里，记录的都是"击匈奴"、"击南越"或者"匈奴相降"，然后受封侯之类爽利事，你往下看，一半以上的侯国都不得善终。短命的比如乐安侯李蔡，因为跟随大将军卫青讨伐匈奴，凯旋之后，在元朔五年四月得以封侯，但到元狩五年，不知为何，看上了汉景帝陵园里的神道边的一块地（这口味也够奇葩的），结果获罪，又不想进监狱，就自杀了，侯国也因此被撤销。稍微长命一点的，比如龙額侯韩说，也是跟李蔡同一批因为同样的军功封侯的，元鼎五年，因为"酎金"——一种随宗庙祭祀时所用的多重发酵的酒（也就是所谓的"酎"）一同进献的礼金——成色不足，而被开除了侯籍；但过了两年，汉武帝又看上他了，就又给恢复了侯国的待遇；到元封元年，这韩说还因为出征东越，改封案道侯。而到征和二年，他儿子韩长继承侯国之后，这儿子不争气，被判有罪，韩家的这侯籍再度被撤销；好在韩说儿子多，另一个儿子韩曾，比较争气，最后又从地底下爬了起来，再次受封为他老爸最初获得的那个龙額侯。如此折腾，背后的操盘手是谁，不用说都明白啊！

《建元以来侯者年表》还有一个特别之处，就是后面有一个附录。这个附录，包含两份简单记录武帝、宣帝时期侯国的表格，和一段夹在中间，以"后进好事儒者褚先生

江西南昌汉海昏侯墓出土金饼，据饼上墨书，考古学界认为它就是预备上贡的酎金

曰"开头的评论文字，它们和司马迁的原表，是靠一句排在附录前的注释"右太史公本表"相区分的。而根据那段评论文字，一般认为，这个附录，应该出自因为给《史记》补写文章而出名的褚少孙之手。不过褚少孙的境界，从这段文字看，是完全没法和太史公相比的了。

《汉兴以来将相名臣年表》:
高官的任期和下场

上一节我们讲了三篇汉代的王侯《年表》，这一节我们讲《汉兴以来将相名臣年表》，主题是：高官的任期和下场。

我想读者看《汉兴以来将相名臣年表》，从头到尾翻一遍，马上就会提出一个疑问：这是司马迁写的吗？

这样问，是有道理的。第一，这篇表，在表格正文的前面，没有写一个字，就是没有序；第二，这篇表，从高皇帝元年（公元前 206 年）编起，编到最后一年，已经是汉成帝的鸿嘉元年（公元前 20 年）了，要说这是司马迁编的，那这太史公可够长寿的，至少得活一百一十岁啊。

所以，历代就有一种说法，说这篇《汉兴以来将相名臣年表》，在司马迁身后就弄丢了，现在放在《史记》里的

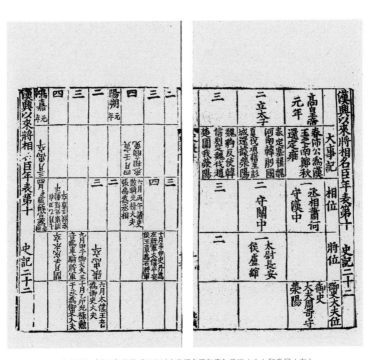

北宋刻本《史记》里的《汉兴以来将相名臣年表》卷端（右）和卷尾（左）

这篇，是后来人补编的。写《太史公书亡篇考》的余嘉锡先生，还推测这篇年表是一个叫冯商的人补编的。

不过，更多的研究者相信写《史记集解》的南朝刘宋时候的学者裴骃的说法，这篇《汉兴以来将相名臣年表》，是由司马迁的原作和后人的补写合编而成。具体地说，以汉武帝太始元年（公元前 96 年）为界，之前的部分，是司马迁编写的，之后的部分，则是后来人添加的。[1]

我也同意裴骃的看法。举一个典型的例子，这篇《汉兴以来将相名臣年表》在汉高祖九年（公元前 198 年），记了这么一个故事，说是未央宫建成了，在前殿摆酒席庆贺。太上皇也就是刘邦他爹应邀出席宴会，已经做了皇帝的刘邦，拿了个玉制的酒杯，给他爹敬酒，说："爹，您当年总觉得我不如二哥有出息，现而今我的功绩和二哥比，您觉得谁更多啊？"这刘老爹呢，毕竟经历过风雨，很有涵养，笑而不语，倒是旁边一帮跟班的，耐不住了，连呼"万岁"。

大家都知道，《汉兴以来将相名臣年表》是表格纪事，表格纪事一般都以简单扼要为基本原则，而这段纪事，连高祖生动的问话都出现了，这样独特的书写风格，我想也只有出自司马迁之手；后来补写表格的人，恐怕是无论如何也不敢尝试的——我们只要回想一下，前面我们讲过的那篇后人补写的《孝景本纪》，原本可以讲故事的，连一个故事都没讲，那要是这篇《汉兴以来将相名臣年表》全部都是后人补写的，大概连做梦都不会想到可以这样写的吧。

在年表里讲故事，前所未闻。不过《汉兴以来将相名臣年表》的独特之处，还不止于此。我们再来看看它的结构。

这份年表横向上是以汉朝的时间前后为序，自右向左展开的。纵向方面从上到下，排列了五行：第一行是汉代皇帝纪年，其中虽然出现了"高后某年"字样，但我很怀疑这是否是吕太后当时的称呼；第二行是"大事记"，写汉朝历年的大事；第三行是"相位"（位是职位、官位的位），就是历任丞相的更替；第四行是"将位"，主要记太尉、将军以及他们领导的具有全局性的军事行动，比如攻打匈奴等；第五行是"御史大夫位"（御史大夫，相当于副丞相），记的都是御史大夫的更替情况。

我们上边讲的那个汉高祖跟他爹对话的故事，是写在第二行的"大事记"里的。"大事记"里除了讲故事，更奇特的，是还有倒着写的文字。比如孝惠帝二年的大事记一格里，除了正常的"楚元王、齐悼惠王来朝"，还有倒着写的一行字："七月辛未，何薨。"意思是这年的七月辛未那天，萧何去世了。再隔两格，在孝惠帝五年的大事记一格里，又出现了也是倒着写的一行字："八月乙丑，参卒。"意思是这年的八月乙丑那天，曹参死了。

萧何、曹参都是汉朝前期著名的丞相，为什么他们去世的记录，要如此奇特地倒着写呢？

四　五　六　七

四欄：
三月甲子赦
無所復作
三

五欄：
為高祖立廟於沛
城成衣冠……
置歌兒二百二十人
四

六欄：
堯立太倉
西市八月赦齊
七月齊悼惠王
二

七欄：
上崩大臣用張辟
彊討呂民權重以
呂台為呂王立少
帝已夘葬安陵

十月乙巳安
國侯王陵為
右丞相十月
已巳曲逆侯
陳平為左丞相

廣阿侯任敖
為御史大夫
徐廣曰漢書
在高后元年

三	二	孝惠 元年	十二	十一
諭氏反擊之	初作長安城蜀	趙隱王如意死 始作長安城西 北方除諸侯丞 相為相 楚元王 齊悼惠 王來朝	崩置長陵 過沛夏上 冬擊布還	誅淮陰彭 越黥布反
二	曹參為相國	七月癸巳壹 十四相平陽侯	十三	十一 周勃為太尉 改代後官省

《汉兴以来将相名臣年表》中的倒书文字

就此我们要先找找这份表格里，萧何、曹参担任丞相的记录，写在哪里。萧何担任丞相的记录，就在《汉兴以来将相名臣年表》开篇第一纵列的"相位"里，写的是"丞相萧何守汉中"；曹参担任丞相的记录，则在倒书的记录萧何去世那一纵列的"相位"里，写的是"七月癸巳，齐相平阳侯曹参为相国"，相国就是丞相，曹参名字前有一串头衔，是因为这一年担任丞相前，他是在齐王那里工作，同时已经受封为平阳侯。因此，有关这两位丞相的工作记录，就出现了这样一种奇特的记录形式，他们开始任职的记录，在第二行的"相位"里，而当他们死了，有关的消息，就自动上升一个格子，到第一行的"大事记"里了。而两者联系起来看的话，是不是会让您联想起我们在讲《三代世表》里说过的那个"旁行邪上"？换句话说，就是在《汉兴以来将相名臣年表》里，一位丞相正常的工作和升迁记录之后，接着有关他的消息，你再找，得向左上方的"大事记"栏里看，那里有他永垂不朽的记录。

　　《汉兴以来将相名臣年表》里曹参以后的丞相的记录，采用的也都是这样的"旁行邪上"方式：他们的开始任职记录，在第二行的"相位"一栏里，书写样式是正常的；他们的丞相任职结束记录，则在上一行的"大事记"里，而且都是倒着写的。

　　与此相应，军事将领和御史大夫的记录，也是"旁行邪上"，正常的任职记录在"将位"和"御史大夫位"里，而结束的记录，则倒书在上一行里：军事将领的，在"相位"里，御史大夫的，则在"将位"里。

我们想，这种有关丞相、军将和御史大夫任职记录结束的信息，之所以要倒着写，主要就是因为相关记录不在本来的横栏里，而在上一层，倒着写，是在视觉上提醒读者，这其实不是这一行的内容，而是下一行的。年表中出现了个别非任职记录的倒书，比如高后四年（公元前184年）和文帝三年（公元前177年）"相位"一格里的倒书"置太尉官""罢太尉官"，意思也是这些是下一行"将位"的纪事。

那么，肯定有读者会问，司马迁是不是有毛病啊，为什么就不能老老实实把这些有关丞相、军将和御史大夫任职结束的信息，好好地写在原本的行格里，而偏要这别扭地倒着写在上一栏里呢？

这里就涉及《汉兴以来将相名臣年表》"大事记"一行，跟下面"相位""将位""御史大夫位"三行的关联问题。

在"相位""将位"和"御史大夫位"三行中，最下面一行的"御史大夫位"内容最少，只有升迁记录。中间"将位"纪事比较丰富，其中像连续出现的和匈奴之间的战争等，在今天看来其实应该进入"大事记"，司马迁却没有把它们放进"大事记"，说明它们自成系统。这样算下来，无论形式还是内容，这篇《汉兴以来将相名臣年表》中，跟"大事记"一栏联系最密切的，其实只有"相位"，也就是这些丞相们了。

我个人觉得，司马迁把丞相们任职结束的信息，放入"大事记"一栏，恐怕不是一种随意书写，而是刻意为之。

这话怎么讲呢？请大家注意一下这些丞相们的任期和下场。

我们不考虑这份年表中太始元年（公元前96年）以后肯定不是司马迁编写的部分，就看从汉高祖元年（公元前206年）开始，到汉武帝天汉四年（公元前97年）为止的部分。这部分《汉兴以来将相名臣年表》的"相位"里所列的西汉丞相，总共有二十三位。这二十三位中，汉高祖时代只有一位，就是上面说过的萧何。汉惠帝时期有三位，除了前期的那位曹参，还有后期丞相职位一分为二后任职的两位：右丞相王陵和左丞相陈平。接下来的吕后时期，除了陈平，还有一位审食其。然后是汉文帝时期，除了陈平，还有跟陈平搭班当右丞相的周勃，也是这位周勃，紧接着还在丞相不分左右之后干过一届；周勃之后，是灌婴、张苍、申屠嘉三位。景帝时期，则有陶青、周亚夫、刘舍、卫绾四位。到了武帝时期，从窦婴开始，到公孙贺，共有十位，具体姓名等下面我们再讲。

这二十三位西汉丞相的任期，从年表统计，是毫无规律可循：有的干得很长，比如陈平，从汉惠帝六年（公元前189年），干到了汉文帝二年（公元前178年），先是左丞相升到右丞相，又从右丞相倒腾到左丞相，前后跟王陵、审食其、周勃三位组成丞相班子，在丞相位置上待了十一年，生命不息，当官不止；也有的干得很短，像魏其侯窦婴，汉武帝建元元年（公元前140年）上位，只干了一年，就被免了。

与毫无规律可循的任期相比，更耐人寻味的，是丞相们的下场。我们就以司马迁亲身经历的汉武帝时期为例。根据年表，从汉武帝建元元年到天汉四年（公元前140年—公元前97年），一共出了十位丞相。这十位丞相中，上位以后做到死的只有三位：就是田蚡、公孙弘和石庆，其中田蚡还是汉武帝的亲舅舅。舅舅么，你懂的。半路被免去职务的有三位：薛泽干了七年，许昌干了四年，窦婴只干了一年。而非正常死亡的丞相最多，有四位：李蔡、庄青翟、赵周、公孙贺；其中前三位都是自杀，最后一位是被判死罪。

在《史记》最后的《太史公自序》里，关于《汉兴以来将相名臣年表》的内容提要，写的是"国有贤相良将，民之师表也"，意思是国家有贤明的丞相和优秀的军将，他们是老百姓的模范表率；又说："贤者记其治，不贤者彰其事。"意思是这篇表里，对于贤明的高官要记录他们治国的政绩，对于无良的高官要揭露他们做的坏事。不过，在现在通行的《汉兴以来将相名臣年表》里，我们几乎看不到多少对于官场的扬善惩恶的文字，留下的，只有高官们任

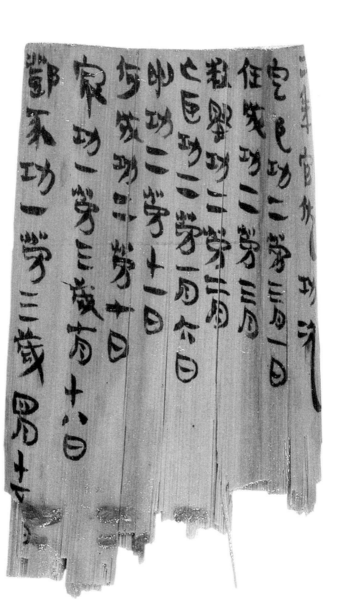

湖北云梦睡虎地汉墓出土的西汉地方官员功劳簿（选自《文物》2018 年第 3 期）

期长短不一、下场捉摸不定的记录，与表中相对详细的汉代大事记形成了鲜明的对比。联系《汉兴以来将相名臣年表》前面没有一个字，我们猜测，即使这篇表的前半是司马迁的原稿，恐怕也已经遭受过程度不同的删节了。

《汉兴以来将相名臣年表》

第三卷

说《书》

制度变迁，有人在为它背书

《礼书》和《乐书》:

中国礼仪与华夏排场

到上一节为止,我们已经把《史记》五体的第一体"本纪",和第二体"表",都讲完了。从这一节开始,我们要讲《史记》五体的第三体"书"。从《礼书》和《乐书》讲起。

在讲《礼书》和《乐书》之前,我们要先讨论一下,什么叫书。

"书"这一称呼,在今天虽然是很平常的用语,但追溯上去,中国早期的书面文献,能够称为书的,其实要到春秋末战国初的时候才出现。书是一种有条理的经过整理的文献样式。没有条理,未经整理的,只能称为档案或史料,还不能称为书。[1]

《史记》五体里的"书"这一体裁,又跟上面说的一般性的书不尽相同,因为它的内容,不光是有条理并经过整理的，而且还是专门记录一事的制度及其变迁的。这样的形式，以前有人认为来源于儒家经典《周礼》，也有人认为出自《尚书》，但我们把它跟这些儒家经典比较一下，就可以发现二者不尽相同，所以《史记》里的"书"这一体，恐怕还是应当说是司马迁的创造。当然"书"的名称，大概确实取自前此已经流传的典籍，比如《尚书》。

司马迁在《史记》里特地开辟出"书"这一体裁，并列了八篇，目的是要通过八个不同的视角，实现他编纂《史记》的整体目标之一——"通古今之变"。这八个不同的视角，有一个共同的站位原点，就是制度。如何说清楚一件事的制度，关键便是辨析源流，而辨析源流，就必然要涉及历史事象的前后变迁问题。所以，《史记》里的"书"，其实就是制度史。

《史记》的书，共有八篇，这一节讲的，是位于第一篇的《礼书》和位于第二篇的《乐书》。

我们先讨论《礼书》。

跟前面我们讲《史记》十表时碰到的麻烦一样，讲这篇《礼书》，首先碰到的第一个问题，还是那个老问题，就是，这是司马迁写的吗？

回答是：这篇《礼书》，除了以"太史公曰：洋洋美德乎"开头的大约八百字的一段，大概是司马迁的原作，其余的大部分，都不是司马迁写的，而是司马迁以后的人，节抄了先秦诸子名著《荀子》里的文字塞进去的。

　　具体地说，除了开头的八百字，下面从"礼由人起"到"儒墨之分"，抄的是《荀子》的《礼论》篇；中间从"治辨之极也"到"刑错而不用"，抄的是《荀子》的《议兵》篇；接下来从"天地者，生之本也"到"明者，礼之尽也"，又回过来再抄《荀子》的《礼论》篇——这中间还玩了点花招，在以"至矣哉"开头的一段上面，强加了"太史公曰"四个字，冒充是司马迁的发言。这些都是明朝大学问家杨慎发现的。[2]这样低级的抄袭，当然不可能是司马迁干的。

　　那么，这篇《礼书》就此可以扔了吗？倒也不是。因为还有开头那八百字。

　　八百字很短，但讲了什么是礼，礼和仪是什么关系，礼从三代尤其是周代以来的变化，不说空话，很精彩。

　　什么是礼？司马迁说，"人道经纬万端，规矩无所不贯"，礼就是做人的规矩。礼和仪总是合在一起讲，礼是规矩，仪就是规矩外化的某种仪式。礼仪是如何产生的？司马迁说，我通过实际的调查，发现夏商周三代在礼仪制度方面各有增减，于是才懂得，其中的关键，是"缘人情而制礼，依人性而作仪"——这里的"缘"和"依"，都是依照的意思；"制"和"作"也是同样的意思，就是制作。所以合起来解释，"缘人情而制礼，依人性而作仪"，就是礼仪制度的建设，都要依循人情和人性。

史記鈔卷之九

維三代之禮所損益各殊務。然要以近情性通王
道故禮因人質爲之節文略協古今之變作禮書
第一。

太史公於禮樂之旨原不十分見透故述荀卿
論禮之言而作禮書述樂記之言而作樂書其
所發明處多揣摩影響而成
文然其深者亦儘微渺矣

太史公曰洋洋美德乎宰制萬物役使羣眾豈人
力也哉。余至大行禮官觀三代損益乃知緣人情
而制禮依人性而作儀其所由來尚矣人道經緯

整齊亦具體裁
雖非太史極筆
固自佳 文繁

八書 卷九 禮書

一

明刻套印本《史記鈔》里的《礼书》卷端

在接下来的部分，司马迁举了很多实际的现象，说明人所具有的现实特性和欲望都是正常的，同时说明为了人事的"宜适"，也就是人与人之间的和谐，有加以节制和培养分寸感的必要。其中没有高自标置，语气宽容温和。这和后来中国传统社会高调张扬的礼教，一味强调严密控制人的思想和行为，是有很大的不同的。

当然，司马迁也对东周以后礼崩乐坏、僭越横行表现出了深切的哀伤。证据就是他引用了孔子说的话，"禘自既灌而往者，吾不欲观之矣。"意思是鲁国的宗庙祭祀中，举行天子一级的高级别"禘"祭时，从灌酒请神以下的节目，我就不想看了。这话出自《论语》的《八佾》篇，孔子为什么不想看灌酒请神以下的节目，《论语》里并没有说，后代的注释家们，作了很多的猜测，其中之一，说应该是那之后的节目，不合礼仪制度了。[3]

相比之下，更具人性质感的，是接下来讲的子夏的故事。子夏这位孔夫子的明星弟子，据说曾说过这样的话——

> 出见纷华盛丽而说，入闻夫子之道而乐，二者心战，未能自决。

这话翻译成现代汉语，大意就是：出门看见大街上到处都是衣着光鲜的美女，我真的觉得很赏心悦目；进门听见孔老师讲仁义礼智之道，我也从心底里感到快乐。这两种快乐，在我的心里一直互相打架，没办法靠自己的判断做出合理的选择。此话不见于《论语》，也不见于其他跟孔子有关的早期文献，仅见于《史记》。但能说这样的话的子夏，不是很真实，也很可爱吗？我想也只有在这样的语境中，你对孔夫子说的"发乎情，止乎礼仪"，才会有更人性化的体味。

顺便说一下，记载在《论语》里，今天已经成为我们复旦大学校训的名言"博学而笃志，切问而近思"，就是出自这位子夏之口。可见子夏决不是一个不爱学习、贪玩的人，他说上面的话，是真实地表达他的困惑，这也是凡人

明刻套印本《史记钞》中有关子夏的片段

都可能遇到的困惑。

《礼书》开头的这八百字中，对于秦汉更替时代礼仪制度的变迁，着墨不少，而实事求是之风，扑面而来，其中既扼要地说明了秦吸收了六国礼仪中好的部分，也不讳言汉代的礼仪大都沿袭了秦的制度，一脉相承。比较特殊的，是专门写了汉景帝时因藩王僭越而导致削藩，晁错因此送命的诡异历史；至于"今上即位"以后，则文字摇曳多姿，而意义就十分隐晦了。

总的来说，这篇《礼书》，撇开抄袭《荀子》的部分不论，剩下的这八百字，还是历史学家的写法，而不是后来理学家的文字。当然，从总体上看，《礼书》的原文，一定不止这些。究竟是什么原因佚失了，现在已经没法考证了。

接下来我们讨论排次在《礼书》之后的《乐书》。

《乐书》在结构上跟《礼书》存在同样的问题，就是很早就有人发现，现在流传的《史记》版本中，《乐书》的大部分内容，都是抄自儒家经典《礼记》中的《乐记》，小部分应该是西汉后期或更后面的人妄增的，[4]只有最前面以"太史公曰"开头的不足一千字的部分，可能是司马迁写的。[5]所以我们现在只能保守地讨论这一部分。

这一部分，首先涉及的问题是：什么是乐？

对此太史公并没有作一个十分明确的界定。但从这近千字的文本中看，所谓乐，当然首先指的是音乐；但同时，这个乐，又不单只有音乐，还包含了带有歌词的歌诗。所以《乐书》里的乐，应该是相对广义的音乐文化。

音乐文化作为制度何以重要？司马迁在《史记》全书最后的一篇《太史公自序》里作了解释。他在那里面的《乐书》提要部分里说："乐者，所以移风易俗也。"与此相关，在《乐书》的开头，他强调了三点，第一，礼和乐是相辅相成的；第二，"治定功成，礼乐乃兴"，就是得国家安定、大功告成的时候，才兴礼乐之事；第三，君子以谦退为礼，以损减为乐。这最后一点，最显中国语文的特色：

汉代抚琴俑（陈聪 收藏并摄影）

因为"乐"这个字，在汉语里有两个读音，一个是音乐的"乐"，一个是快乐的"乐"，音乐会使人快乐，所以形同音不同的"乐"字和"乐"字，可以十分自然地发生联系。而所谓"以损减为乐"，虽然只用了一个乐字，其中包含的真实意思，却是兼有乐（音乐的乐）、乐（快乐的乐），意思既是以减少活动为人生之乐，也是以减少过度的音乐为真正的音乐——后者也就是道家所谓的"大音希声"，真正的声音，是简单到几乎没有声音的。

当然，《乐书》开头说这些，都是为之后所谓"郑音"也就是亡国之音的泛滥开个头，它的下面，还涉及秦二世对音乐的癖好，和李斯的劝谏、赵高的怂恿。最后则自然归结到汉朝帝王之乐和汉乐府的成立。

这其中最有意思的，是在汉代的部分里，讲到高祖过沛，"诗三侯之章，令小儿歌之"，也就是高祖还乡，写了一篇被称为"三侯之章"的诗，让小孩子们歌唱。所谓"三侯之章"，据为《史记》作注释的唐代学者司马贞说，就是见于《史记·高祖本纪》，今天大家都非常熟悉的《大风歌》——

大风起兮云飞扬，威加海内兮归故乡，安得猛士兮守四方！

但是，这《大风歌》为什么要叫"三侯之章"呢？这里面涉及一个古汉语语音问题。因为"大风起兮云飞扬"的"兮"字，在《大风歌》里出现了三次，这三个"兮"，其实都应该读作"侯"。而在汉代，这个"侯"字的读音，大概和我们今天说的"呵呵"的那个"呵"相近。所以呢，《大风歌》其实应该这样念——

　　大风起呵云飞扬，威加海内呵归故乡，安得猛士呵守四方！

想象一下，要是配上乐，唱起来，是不是别有一番风味？

　　《乐书》开头这不足一千字部分的最后，讲了一个汉武帝得天马而作歌的故事，引起的争论最多。

　　这故事是这样说的，说是汉武帝有一回在一个叫渥洼水的地方，得到了一匹神马，就命人写了一首《太一之歌》。后来因为讨伐大宛，又得到了一匹千里马，名字叫"蒲梢"，就又让人做了首歌。歌词我们不引了，反正都是吹捧、拍马屁的神曲。这时一位名叫汲黯的中尉看不下去了，就向汉武帝进谏，说："凡是帝王制作的音乐作品，都是对上承续先祖列宗，对下感化亿万群众。现在陛下您得了匹马，就这么写诗谱曲的，还拿到宗庙里去表演，去世的先帝们和您的百姓哪会知道这是些什么音乐呢？"武帝听了汲黯的这番话，没说话，但显然是不高兴了。一旁的丞相公孙弘看懂了，马上严肃地说："这汲黯诽谤我大汉朝

考古发现的汉代神马模型

的制度，应当把他家一族的人都杀光。"

这故事，从精确性上说，是经不起考证的。因为按照《汉书·武帝本纪》的记载，汉武帝为渥洼水神马作歌的时间，是在元鼎四年（公元前113年），得大宛千里马的时间，是在太初四年（公元前101年），无论是前者还是后者，丞相公孙弘都已经死了，不可能说那么阴毒的话了。而汲黯，如果不是另一个同名同姓的人，那作为汉武帝时期最敢于直言的高级官僚，查他的履历，他也从来没有做过中尉，太初四年（公元前101年）也已经去世，因此跟大宛千里马是沾不上边的；就是元鼎四年（公元前113

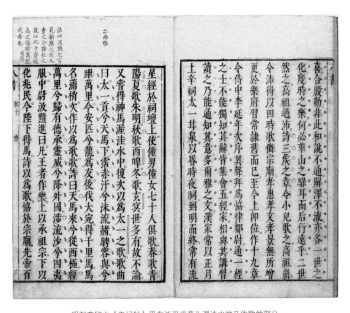

明刻套印本《史记钞》里有关汉武帝为渥洼水神马作歌的部分

年），他也不在京城里，应该没有机会给汉武帝提意见。[6]

　　不过，我想即使如此，这个故事依然有可能还是司马迁写的。因为不知你注意过没有，《史记》凡出现所写和史实明显不符的，大都是距司马迁时间或空间距离比较远的事件，而很少有跟司马迁同时的。汉武帝身边的名臣汲黯，生活年代跟司马迁有交集，我们看《史记》的《汲郑列传》里把他的言行写得那么生动，就知道司马迁一定见过他。而像上面记的故事这样明显反常的表述，你不觉得有些蹊跷吗？

　　宋代大史学家司马光在编纂《资治通鉴》时，相信汲黯劝谏汉武帝实有其事，但认为是前人把时间搞错了，把汲黯的职位搞错了，还把当时丞相的名字给搞错了。我觉得这一连串的搞错也太过离奇了些。反过来我倒是认为，汉武帝的二马故事绝对真实，当时高层对此有不同意见也绝对真实，但所谓汲黯的批评，所谓公孙弘的阿谀奉承，也许是有意地张冠李戴。这是用黑色幽默的方式，让两位已经去世而生前有矛盾的前高官，在这篇《乐书》里神奇地复活一回，背一次锅，而真实的意图，是借此讽刺汉武帝，如此好大喜功、追求排场，连进口牲畜也要谱一曲交响诗歌功颂德，其实不过是一场既打扰先王、又愚弄百姓的闹剧。

说《书》

《历书》:
老黄历里的政治学

《历书》的"历",是一个具有两方面意义的汉字,它既可以指历法,也就是推算年月日的方法,也可以指日历、黄历,也就是具体记载年月日的书册或表格。两者都涉及三个基本概念:年、月、日。

年、月、日,这三个概念是怎么来的?不用说,小学生也知道:地球绕太阳公转一圈,经历的时间就是一年;月亮绕地球公转一圈,经历的时间就是一个月;而地球自转一圈,就是一天。

但是,司马迁和司马迁以前的我们的祖先们,还没有现代的天文学知识,他们不知道地球是圆的,会自己转圈,还有月亮绕着它转圈,更不知道地球还会绕着太阳转圈,那他们是怎么知道年、月、日的呢?

答案是:靠观察。

中国特定的地理位置，决定了生活在这片土地上的大多数人都可以感知到明显的四季轮回；而中国早期的农耕文明，又使庄稼的定期收获，也就是所谓的春种秋收，跟四季轮回紧密地结合在了一起，因此中国人很早就从一年一收成的事实，直观地体会到"年"的初始意义。

农业在那个时代主要是靠天吃饭，所以无论白天黑夜，都需要看看天。天上的月亮，从一弯新月，渐渐变成了一轮满月，又从一轮满月变回到一弯新月，月亮的这一循环过程，使"月"这个字，成为同时指称月份的名词。

同样地，日出而作，日落而息，太阳重复出现，又使"日"这个字，成为同时指代一天的名词。我们复旦大学的校名"复旦"，来自中国古老的经典《尚书大传》里的一句话"日月光华，旦复旦兮"，"旦复旦"，就是一天又一天的意思。

不过，通过观察得到的年、月、日三个概念，如果没有经过一定的程序组织起来，不成为一种反映人的生活的时间序列，是没有什么特别的意义的。

所以很早时候起，我们的祖先，就努力把年、月、日三个概念，组织成为一体，并用一个词来表示，那就是历。历的出现，为中国历史由传说进入到确切并且连续的记录，提供了一种重要而且适用性很强的工具。

《史记》的《历书》，由三部分组成，在以"太史公曰"开头的中心部分开始前，有一段以"昔自在古，历建正作

史記二十六

曆書第四

昔自在古歷建正作於孟春於時冰泮發蟄百草奮興秭鳺先滜

<small>徐廣曰秭音姊鳺音規
子巂鳥也一名鴨鵊</small>

物迺歲具生於東次順四時卒於冬分時雞三號

卒明<small>徐廣曰卒一作
平又云卒斯也</small>撫十二節卒於丑日月成故明也明者孟也幽者

幼也幽明者雌雄也雌雄代興而順至正之統也日歸於西起明

於東月歸於東起明於西正不率天又不由人則凡事易壞而難

成矣王者易姓受命必慎始初改正朔易服色推本天元順承厥

意

太史公曰神農以前尚矣蓋黃帝考定星曆建立五行起消息正

閏餘<small>漢書音義曰以歲之
餘為閏故曰閏餘</small>於是有天地神祇物類之官是謂五官各司其

序不相亂也民是以能有信神是以能有明德民神異業敬而不

于孟春"开头的话，这段话，不是司马迁自己写的，是他从儒家经典《大戴礼记》里转引来的，讲的就是我们的先人通过观察，得到的有关年、月、日如何形成的基本知识。

在引用《大戴礼记》，介绍了有关年、月、日的基本知识之后，以"太史公曰"为引子，《历书》进入到它的主体部分，这部分讲的，是历法的源流，从《五帝本纪》出现过的那位黄帝开始，记到"今上"，也就是汉武帝时期。这其中，依照时间的先后，司马迁主要叙述了三个问题。

第一个问题是"建正"。

我们前面已经说过，"昔自在古，历建正作于孟春"，这是《历书》开篇的第一句话。这句话，翻译成现代汉语，意思就是，在很早很早以前的古代，历法建构正月，把它放在春天的第一个月。跟这句开篇语相呼应，在《历书》中心部分讨论历法的源流时，司马迁还说："夏正以正月，殷正以十二月，周正以十一月。盖三王之正若循环，穷则反本。"意思是夏朝以一月为正月，殷商时代以十二月为正月，周朝则以十一月为正月（也就是说三代各自的历法中，关于一年从哪个月开始算，是各不相同的），不过把三代帝王们的正月按顺次这么一排，好像是一种循环，到底了又会回到起点。这一结论是典型的历史循环论，但在司马迁却非可有可无的闲笔，因为他认为，历史从最大限度的年代学意义上看，就是循环的。不过，现代学者认为，这种历史循环论的前提，可能是有问题的。三代建正不同，可能不是前后循环，而更可能是因为区域不同而造成的不同形态的历法。

第二个问题是历法与政治的关联。

这个问题，在《历书》里是集中表现在两周之交和东周部分。我们在《周本纪》里讲过的西周末的两位奇葩之王——周幽王、厉王，就此再次成为一个时代分界标志被提出来。从历法制度上说，幽、厉二王之后，现实中发生的最令人震惊的事，是"史不记时，君不告朔"。

什么叫"史不记时，君不告朔"？简单地说，就是史官搞不清月份日子，纪事不写时间了；而国君呢，原本按照礼仪制度，应该是每月的朔日也就是第一天，一定要到宗庙去向祖宗报告一下，祭祀一番，这时这样神圣的仪式也省掉了。这样一来，直接的后果，就是"畴人子弟"，也就是世代从事历法制定工作的"非遗传人"，作鸟兽散，有的去了邻国，有的则跑到了更远的夷狄之国，导致了看天判吉凶的所谓"机祥"的传统被废弃。

接着，司马迁就提到了周襄王二十六年闰三月的故事，并说《春秋》非之"。字面意思是儒家经典《春秋》，对周襄王二十六年闰三月这件事曾加以批评。而事实上这里的《春秋》，指的不是《春秋经》，而是《春秋传》。更具体地说，应该是《春秋左氏传》，也就是《左传》。为什么这么说呢？因为我们翻检司马迁生活年代已经流行的《春秋》

三传，也就是公羊传、谷梁传和左传，只有《左传》明确写了此事并加以批评。至于为什么周襄王二十六年放了个闰三月，会引起如此大的波澜？据清代以来学者研究，是因为儒家经典和所附的传文里，凡是有闰月，但不说它是几月的，那个闰月一定在年末。现在鲁国改历法，把闰月放在三月里，所以这就是不合礼制的。[1]

第三个问题，是汉武帝时代新修的太初历，是怎么修出来的。

涉及这个问题的文字，在《历书》主体部分的最后一段。这一段从汉武帝登基以后，找方士唐都、数学家落下闳从事具体的天文历法工作开始，中间到后半引汉武帝诏书，点明以元封七年为太初元年（也就是公元前104年），选择干支为甲子那天，在夜半朔旦冬至的时候改起。但是，这其中关于太初历究竟是如何编成的，其实写得并不十分清楚。

相反，我们在跟《史记·历书》性质类似的《汉书·律历志》中，看到了有关太初历的更多的细节。

最初提出建议的是司马迁和大中大夫公孙卿、壶遂。然后有一位大典星，也就是星象学方面的首席专家，名叫射姓，他和一帮人讨论具体修造汉历。讨论了一阵，这时这位射姓先生向汉武帝汇报，说我们不能算，希望再公开招聘一些历法专家，以更精确的数学方式，修造一份新历。于是就选出了以一位名叫邓平的历法专家为首的新的领导班子，其中还吸收了几位民间懂历的学者，而前一任的班子中，方士唐都、巴郡落下闳也参与了。但是，名单里没有司马迁。

到邓平挂帅的新历造成了，司马迁的名字才重新出现。这一回，是在汉武帝颁布的诏书里面，《汉书·律历志》对此的记载是："诏迁用邓平所造八十一分律历，罢废尤疏远者十七家……以平为太史丞。"意思是武帝下诏书，命令太史令司马迁采用邓平所修造的以八十一分律为特征的新历，废止了同时作为新历修造试验的其他十七家比较不靠谱的日历。同时，还提拔邓平做了太史丞——这是一个仅次于司马迁当时担任的太史令的职位。

有意思的是，跟《汉书·律历志》多次提到邓平相反，在《史记》的这篇《历书》里，虽然主体部分的最后，归结到了太初历，但邓平的名字，竟一次也没有出现过。

邓平和司马迁之间，当时究竟发生了什么？学界有很多的猜想，但大多没有文献证据。我们知道的，只有一个事实，就是在《史记》的这篇《历书》里，司马迁写完了主体部分，最后还附录了一份题为《历术甲子篇》的年历简表，这份年历简表的起始点，跟上面提到的新历太初历完全相同，就是汉武帝的太初元年（公元前104年），但是几乎所有的研究都表明，它不是太初历。

这份题名为《历术甲子篇》的古年历简表，形式上过于简约，实际涉及的专业名词又比较深奥，我们这里无法

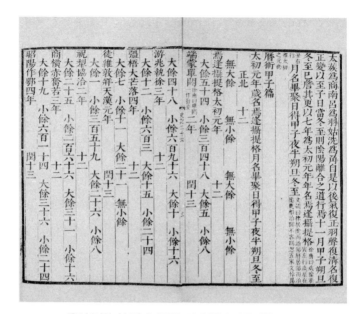

明汲古阁刻本《史记》的《历书》正文后所附《历术甲子篇》（局部）

细讲。简单地说，它是一份始于汉武帝太初元年（公元前104年），止于汉成帝建始四年（公元前29年）的年历制作方法示意表。由于这份古历简表的最后纪年，已经到了司马迁身后的汉成帝建始四年，所以其中肯定有后人添加的成分。

但司马迁为什么在《史记·历书》的后面，不附录当时最新而且也是官方认定的太初历制作方法示意表，而要附录这么一份并不通行的古奥的年历简表呢？

这个问题至今没有定论。像贵州大学中文系的教授张汝舟先生，写过一篇《〈历术甲子篇〉浅释》，收在他的论文集《二毋室古代天文历法论丛》里，提出过自己的解释。又比如内蒙古师范大学的数学史专业的斯琴毕力格，在他的硕士论文《太初历再研究》中，运用出土的汉代历法文献，比较过《史记·历书》《汉书·律历志》后面所附的两份年表，得出《汉书》所附才与汉代实际使用太初历相合的结论。但对《史记》所附究竟代表了什么，也没有细说。

因此，《史记·历书》最后所附的这份天书般的年历，它的性质究竟什么，司马迁与太初历，究竟是怎样的关系，至今依然是个谜。

《天官书》:

科学为什么要跟神学纠缠

《史记》的著述目标之一，是"究天人之际"。所以在讲制度的八篇"书"中，有两篇都涉及天文：一篇是上一节我们已经讲过的《历书》，专谈天文学在现实生活中的科学利用，也就是历法；另一篇是这一节我们要讲的《天官书》，讨论的主题，是天象观测和天人感应。

《天官书》篇名里的"天官"，是天上的官位的意思。按照唐代写《史记索隐》的司马贞的说法，因为星座有尊卑，就像人间的官阶按大小排位置，所以叫天官。《天官书》开篇所写，是中宫天极星、北斗七星，和东、南、西、北四宫。一般认为，这其中"宫"字，本来应该是个"官"字。

《天官书》篇幅颇大，大概可以分为三个部分。

第一部分，是从开头到"太史公曰"之前的文字。这

湖北随县曾侯乙墓出土的漆画箱，箱盖上绘有天文图

部分的文字，在文体上是一种独特而神秘的混杂：既是具有科学意义的天象观测记录，又是带有明显的神学意味的占星术大全。按照清代学者钱大昕的说法，它们"文字古奥，非太史公所能自造，必得于甘、石之传"。[1] 所谓甘、石，也就是战国时期两位最著名的星象学家，齐国的甘德和魏国的石申，他们以写《甘石星经》而闻名，不过那书的原本已经失传了。

第二部分，是以"太史公曰"开头的文字。这部分的文字，逻辑地解释了从长时段角度解读天象的根据，叙述了从上古到汉代天象与人事关联的简史，其中还穿插了对历代天文学家的介绍。它们肯定出自司马迁父子之手，历代没有异议。

217

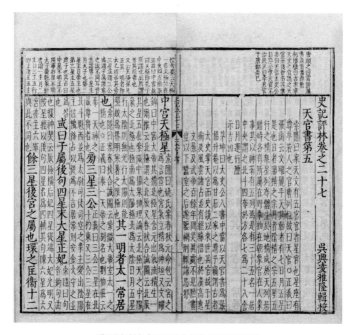

明万历间刻本《史记评林》里的《天官书》首叶

相比之下，只有第三部分，也就是全文最后从"苍帝行德"开始的一百五十来个字，文辞粗俗，一般认为后人妄加的。[2]

因此，我们接下来要着重讨论的，就是第一和第二个部分。

第一个部分，虽然钱大昕说是"得于甘、石之传"，但从具体内容上看，除了星象，这部分还讲了云气和候岁，并直接提到了汉朝的气象学家王朔和占候学家魏鲜的名字，加上有文献证据表明太史公司马谈曾向唐都学天文，所以准确地说,《天官书》的第一部分,应该是以甘德、石申、唐都、王朔、魏鲜等古今天文学家的学说或文字为基础,整理编纂而成的。

这部分以前人学说为基础整理编纂的文字中,最引人注目的,自然是只要谈中国古代天文学,都会谈到的“四象”和“二十八宿”。

所谓“四象”,是指中国古代把天空分成东、南、西、北、中五个区域,而把其中的东方称为苍龙,南方称为朱

汉代四象瓦当(自左上起顺时针:苍龙、白虎、朱雀、玄武,西安秦砖汉瓦博物馆藏)

雀，西方称为白虎，北方称为玄武。

所谓"二十八宿"，是指在四象区域内，古人又把每一个区域内的星星各分为七个群，每一个群称为一个宿，合起来就是二十八宿。

具体来说，以四象为区分，二十八宿的名称，分别是——

东方苍龙，包含角、亢、氐、房、心、尾、箕七宿；
南方朱雀，包含井、鬼、柳、星、张、翼、轸七宿；
西方白虎，包含奎、娄、胃、昴、毕、觜、参七宿；
北方玄武，包含斗、牛、女、虚、危、室、壁七宿。

不过仔细对照一下，你会发现，《史记·天官书》里记的涉及"四象"和"二十八宿"的知识点，跟通常的说法并不相同。

四象的名称，在《天官书》里是没有的。但《天官书》有东、南、西、北四宫（这个"宫"字，按照我们上面的解释，其实应该是"官"字），所以四象的结构，是具备了的。不过在名号上，《天官书》写的是东宫苍龙、南宫朱鸟、西宫咸池、北宫玄武。南宫朱鸟和后来通行的南方朱雀一字之差，意义相似，还说得通；西宫咸池，跟后来的西方白虎好像完全不搭啊，这是怎么回事呢？

这还得回到《天官书》的本文，去看一看。

在《天官书》里，"西宫咸池，曰天五潢"一部分的下面，是有白虎的，说的是"参为白虎"，意思是参宿的样子就像一只白虎。不过参宿的位置，不居于西宫的中心位置，比较偏，所以当时还没有把它取为西宫的代称。而咸池呢，按照旧注引用的古老传说，是主五谷，也就是粮食的。

　　这就要说到"四象"都以动物做名称其实是后起的问题。跟西宫咸池类似的，还有北宫玄武。我们熟悉的北方玄武，是一种龟蛇合体的动物。但是在《天官书》里，并没有直接的证据，可以证明北宫玄武，就是后代所说的那种龟蛇合体的动物。反而倒是有学者考证，说《天官书》的相应部分里，有关的星群下面，写的都是跟战争有关的事情。所以玄武的意思，跟咸池一样，开始时也许根本就不是动物。[3]

　　二十八宿的名称，也还不见于《天官书》。而且最有意思的，是《天官书》五宫之下列了各星群的名称，顺次数一下，那后来十分流行的二十八宿，在《天官书》里，却只有二十七个——北宫玄武之下，是没有壁宿的。

　　为什么二十八宿里面，《天官书》唯独没有壁宿？

　　以写《中国天文学史》出名的现代学者陈遵妫先生，对此有过考证。他认为，《天官书》里没有壁宿，是因为早期的壁宿，本是另一个名叫"营室"的星宿的一部分；而事实上中国早期曾有一段时间，是通行二十七宿的。他说："这大概便于表示月球位置的缘故，因为月行周天，即恒星月的长度，只需二十七天多，所以把白道附近的星宿，分

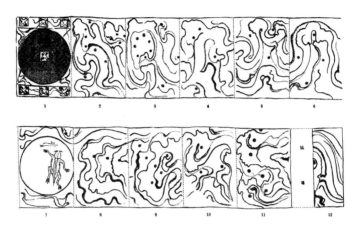

洛阳西汉墓室内日月星象图摹本（《考古》1965年第2期夏鼐论文所附）

为二十七宿，实际比较更合理些。"[4]

相比之下，《天官书》里以"太史公曰"开头的第二部分，比第一部分文字更容易理解，而其中对于"究天人之际"的解说，也更直白。

"究天人之际"的说法，在司马迁那里出现过两次，一次是著名的《报任安书》，一次是《史记·太史公自序》的篇末，讲到八书的撰述宗旨时。在《太史公自序》里，"天人之际"四个字指代的，其实就是《天官书》一篇的宗旨。

司马迁把"究天人之际"作为《史记》全书的撰述目标之一，有什么样的逻辑依据吗？

有的。这依据，就在《天官书》第二部分的下面这段话里——

夫天运，三十岁一小变，百年中变，五百载大变；三大变一纪，三纪而大备：此其大数也。为国者必贵三五。上下各千岁，然后天人之际续备。

据朱维铮教授研究，这段话，跟古奥的天文历法计算有关，其中又牵扯着司马迁个人特殊的天人感应观念。概括地说，这是基于古代制定历法时，谐调阴阳合历中的太阳年和朔望月两个基本周期的实践，而得出的半科学半神学的结论。

　　说其中有一半是科学的，是因为它背后支撑的理据，包含了如下一类精密的计算结果：在制定历法的计算周期时，如果小于"一统"（1539年），太阳年和朔望月两个基本周期相除所得的总日数便无法除尽；而要使回归年、朔望月和干支六十周期等相会合，最少需要"三统"（4617年）。而研究发现，上面我们引用的司马迁的那段话中，"一纪"（传统天文学术语，等于1520年），和"一统"的年数大致相当，相应地"三纪"（4560年）则跟"三统"的年数大致相当。这样一来，"三大变一纪，三纪而大备"的说法，不可否认，一定程度上是掌握了自然变化规律，并具有科学性的。

　　但我们又说，司马迁的这段话，还有一半是神学的，这是为什么呢？

　　这是由于司马迁接着所说的"为国者必贵三五"，也就是当国执政者一定要尊崇三个五百年（即一纪）的大变周期，它最终目的是要附会现实政治。尽管由于天文历法学的发展，在司马迁的时代，已经了解五大行星的运动规律，知道木星、土星和火星每隔五百多年会会合一次，而同一年金星跟水星也会转到会合点附近，出现所谓"五星毕聚"的天文奇观，但司马迁父子这样具有占星术信仰的知识者更看重的，却是这一会合所寓示的天人感应、人间五百年必有大变的政治预言。[5]然而对于"天人之际"所作的这番穷追深究，既带有如此浓烈的宿命色彩，那么它的最终结论的难以切中实际，又似乎是必然的了。

不过我们依然不得不惊讶与佩服司马迁的大胆。在这部分的后半，他活学活用，竟然把天人感应的故事，直接

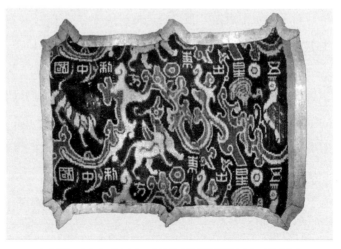

汉代织锦，上有"五星出东方，利中国"字样（新疆维吾尔自治区博物馆藏）

用于解释当代史了。他说：

> 元光、元狩，蚩尤之旗再见，长则半天。其后京师师
> 四出，诛夷狄者数十年，而伐胡尤甚。

意思是到了我们今上执政的元光、元狩年间，天象方面充
满杀气的"蚩尤之旗"一再出现，空间上长的时候弥漫半
边天。这之后首都方面军队四处出动，几十年来都在诛杀
夷狄，而讨伐胡人尤其过分。汉武帝如此伟大的战功，被
他一写，倒好像成了好莱坞大片里的魔界军队出动的恐怖
场面了。

　　这么写还不够，他甚至语重心长地教导最高统治者：
"太上修德，其次修政，其次修救，其次修禳，正下无之。"
意思是最理想的状态是修炼你的道德，其次是清明政治，
其次是补救缺失，其次求仙拜神，最下等的是没有办法。

　　这司马迁是吃了豹子胆了？说话这么不讲究分寸。为
什么要这么冲呢，我们下面讲《封禅书》时再讲。

《封禅书》（上）：
泰山崇拜与地方精灵

在《史记》的"八书"当中，有七篇一听书名，你大致就能猜出来它讲什么：《礼书》《乐书》，是讲礼乐制度的；《律书》原本应该是《兵书》，自然是讲军事的；《历书》和《天官书》，是讲天文历法的；《河渠书》，是讲水利的；《平准书》，名号稍微难理解一点，但望文生义，"平"是平衡的平，"准"是有准星的准，那么应该可以猜到，它讲的是经济。

只有《封禅书》，即使你知道"封"是河南开封的"封"，"禅"跟佛教禅宗的"禅"是同形不同音，这里读如"善"，如果没有专业知识，恐怕还是猜不出它讲的究竟是什么内容。

但你一定知道出自传统经典《左传》的一句很中国的名言："国之大事，在祀与戎。"意思是国家大事，归根到底就只有两件，一件是打仗，一件是祭祀。关于打仗，《史记》的八书里原本是有一篇《兵书》的，但大概因为内容犯忌，今天看到的，是已经被替换了的《律书》。不过那《律书》的里面，又还残留着一点谈兵法的文字，导致整篇文章的文风十分诡异。关于祭祀，很幸运，《史记》里还完整地保留着它的制度史篇章，就是我们今天要讲的

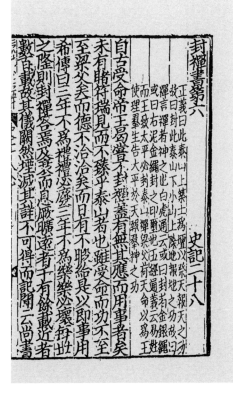

元彭寅翁刻本《史记》里的《封禅书》卷端

《封禅书》。

　　"封"和"禅"，是两种非常古老的祭祀仪式：在泰山上筑个土台子，祭天，那就叫"封"；在泰山下面，低一点小一点的山上，划出一块平坦些的地方，祭地，就叫"禅"。封和禅，在中国传统社会里，都是帝王们的专利，是独此一家的非物质文化遗产。所以《封禅书》开头就说："自古受命帝王，曷尝不封禅？盖有无其应而用事者矣，未有睹符瑞见而不臻乎泰山者也。"意思是自古以来，承受天命做帝王的，哪有不举行封禅仪式的？只有举行了却没有良好反应的实施者，从来没有看到吉祥征兆显现而不登上泰山顶的。而这篇《封禅书》呢，就是从上古到汉朝，历代帝王登山临水，向天地寻求合法性证明、领地权利和不老仙方的故事大全。

　　《封禅书》有点长，所以我们打算分两次讲。这一节讲汉朝汉武帝以前的内容，下一节再讲汉武帝的故事——顺便说一下，上一节我们讲《天官书》，最后说到，司马迁为何像吃了豹子胆，说话那么冲，答案到讲《封禅书》时再讲。这个答案啊，因为跟汉武帝有关，所以您还得等一等，等到下一讲，也就是《封禅书》的第二讲，就会看到了。

　　读《封禅书》汉武帝以前的内容，有四个与祭祀场地有关的专有名词，应该首先了解一下，它们是：社、祠、畤、庙。

社是社稷的社，就是祭祀土地神的地方；祠是祠堂的祠，它原本是个动词，指春祭，也就是春天祭祀的意思；畤，是田字旁，右边一个寺庙的寺，它是祭祀天帝的祭坛，这个畤，现在已经几乎见不到了；至于庙，今天大家熟悉的意思，是佛教的寺庙，但在中国传统语汇中，庙的原本的意思，是祖宗所在的屋子。

除了社、祠、畤、庙这四种古老而传统的祭祀场地，《封禅书》里出现的专业术语，还有些是跟祭祀时的供品有关的，最基础的有三个：就是牺、牲、牢。

牺和牲都是祭祀时用作供品的牛，不同的是牺是指颜色纯正的牛，而牲是指一头完整的牛。因为都是被宰杀的祭品，后来形容人英勇就义，也用"牺牲"这个词了。至于牢，是指组合式的动物祭品，又分太牢和少牢两类，太牢是牛羊猪三牲全备，少牢则只有羊和猪，没有牛。

这里有必要指出一个历史现象，按照《周礼》，中国传统的中原正规祭祀中，原本是不用马作为祭品的，原因是马是戎事也就是军事活动中人的重要伴侣。但是我们在《封禅书》中看到，周朝东迁洛邑以后，秦襄公造了个西畤，祭祀白帝，用的祭品里，排在第一位的是骝驹，骝驹是一种身子红色而鬃毛与尾巴黑色的小马，这是史书里见到的中国人用马做祭品的最早的例子。研究者认为，当时的戎狄，有杀马祭天的习俗，而秦是遵循了西戎的传统，所以才会以马为祭品。[1]

两周之际，秦也用真马陪葬。图为甘肃礼县大堡子山秦墓陪葬的车马坑（出自《文物》2018年第1期）

在了解了《封禅书》使用的基本术语之后，我们就可以进入本文，看汉武帝以前的内容了。按照时间先后，《封禅书》写到汉武帝之前的文字，大致可以分为先秦、秦和汉初三个部分。三个部分，又各有自己的关键词。

在《封禅书》的先秦部分，关键词是"五岳四渎"。所谓五岳，就是我们熟悉的东岳泰山、南岳衡山、西岳华山、北岳恒山和中岳嵩山。五岳的由来，并不是因为它们的高度，也不仅是它们风光优美，而是因为它们很早就被选为帝王出巡祭拜天地的据点。

这其中让人不免疑惑的，是泰山并不是五岳中最高的一座山，为什么在封禅制度上会受到如此的重视，而且长期排名第一？

我想比较合理的解释是因为泰山的优势：它位于东部

清乾隆刻本《泰安县志》里的《泰山图》

沿海地带，往东无论是看日出，还是观沧海，都有五岳其它名山无法企及的开阔与辽远。就沟通天和人而言，泰山绝对是一个理想的地方。反过来说，一座山即使高于泰山，如果它过于险峻，也不利于封禅这种官方大型祭祀活动的开展。

除了五岳，还有四渎。渎就是河流。比较有意思的，是《封禅书》里被并列的四渎，居然是长江、黄河、淮河、济水，这四条今天看来档次很不相同的河流。

帝王们为何要选这五岳四渎，作为巡视祭拜的据点呢？除了封禅，另一个主要的目的，就是亲自到祖国东南

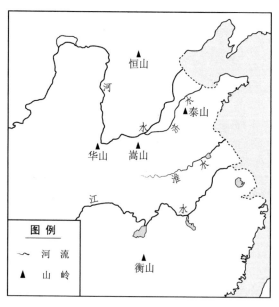

五岳四渎示意图

西北的这些最具代表性的景点，去走一走，看一看，借此向左邻右舍宣示，那是我的领地。[2]

当然了，因为先秦时代从统治者的角度说，还不是一个像后来的秦王朝那样的统一疆域，所以帝王与诸侯祭祀的范围与等级差别也作为一种礼仪制度见诸文献记载。《封禅书》里就说，只有帝王可以祭祀天下的名山大川，而诸侯只能祭祀他们各自疆域内的名山大川。之后还引了春秋时候孔子讽刺鲁国季孙氏的故事，因为季孙氏只是鲁侯的臣子，却居然敢像天子一样祭祀泰山，这明显是僭越了。

在《封禅书》的秦（包括秦国和秦朝）的部分，关键词是"雍四畤"和"八主祠"。

所谓"雍四畤"，是指秦国心腹地带形成的四个祭祀中心场地，分别是祭祀白帝的西畤、祭祀青帝的密畤、祭祀黄帝的上畤和祭祀炎帝的下畤。值得一提的是，在被评为2016年度全国十大考古新发现之一的陕西凤翔雍山血池秦汉祭祀遗址，2017年又发现了陶缸残片上留存着阴刻的"上畤"二字，这是该处遗址确为秦吴阳上畤故地的铁证，[3]也说明《史记·封禅书》所记的"畤"这一中国早期祭坛形式，是真实存在过的。

与位于西部"雍四畤"相对的，在东部则有相对而言属于地方性的"八主祠"，它们都位于战国时期的齐鲁之境，包括——

上　陕西凤翔雍山血池
　　秦汉祭祀遗址
下　该遗址内出土的陶
　　缸残片上留存着的
　　阴刻"上畤"二字
　　（拓片）

一　天主祠祭祀天齐　临淄

二　地主祠祭祀梁父　泰山

三　兵主祠祭祀蚩尤　东平　齐西

四　阴主祠祭祀三山　齐北

五　阳主祠祭祀之罘　齐北

六　月主祠祭祀之莱　齐北

七　日主祠祭祀成山　齐东北

八　四时主祠祭祀琅邪　齐东方

当然，秦统一中国以后，作为统一帝国的君王，秦始皇是不会甘心只在本地四時玩的，东方的八主祠，对他而言也太小，太琐碎了。他最看重的，还是去泰山封禅。他招来一帮儒生为他制定封禅仪礼，之后又觉得儒生不行，一脚踢开，自起炉灶，结果他的泰山之行，因一场暴风雨而大打折扣。由于他下令封锁相关消息，而被甩了的儒生们又咽不下那一口恶气，最后口口相传，讹传成了秦始皇其实没能封禅。这结果，倒正好应了《封禅书》开头的那句话："盖有无其应而用事者矣。"

在《封禅书》的汉初部分，具体地说，是从汉高祖到汉文帝为止的部分，关键词是"五行"。

《封禅书》在讲汉朝故事时，一开始就讲了汉高祖立第五位天帝祠的故事，很具有象征意味。说是刘邦跟项羽干了一仗后入关，就询问秦朝的上帝祠祭祀什么样的天上之帝，下属回答说："他们祭祀四位天帝，有白帝、青帝、黄帝、赤帝四座祠。"刘邦接着问："我听说天上有五位天帝，怎么这里只有四位呢？"下属们面面相觑，都没听说过什么五位天帝，一时不知如何回答是好。刘邦一看，坑挖成了，马上说："我知道了！那是在等我，有了我，就配成为五个了！"于是就下令建立黑帝祠，并将它命名为北畤。秦朝的雍四畤，就此生生地变成了汉朝的雍五畤。

刘邦的五天帝说，虽然是他自创的，但其背景，却是大家应该都听说过的，起于战国时期，由邹衍发明的阴阳五行学说。这一学说以五种自然物质或现象——金、木、水、火、土为基础，以相生相克为动力，构造了一个看似精密的循环圈子，就是所谓的金生水、水生木、木生火、火生土、土生金，金克木、木克土、土克水、水克火、火克金。

相比之下，汉朝更明确地实践五行理论的，是汉文帝。

《封禅书》记载，文帝时鲁人公孙臣给中央打了个书面报告，建议说当年秦朝得的是水德，现在我们汉朝代替了它，推算下来，应该是土德了（因为土克水）。土德的应验，是黄龙会出现。所以我们应该改变历法的正朔，换一种衣服的颜色，并采用新的幸运色——黄色。当时因为具体主管朝廷事务的丞相张苍有不同的看法，建议没有被采纳。不过，过了三年，黄龙真的在成纪这个地方出现了。事情上报到汉文帝那里，文帝亲切接见了一度被冷落的公孙先生，提拔他做了博士，并让他跟一帮儒生一起起草改历法和服色的工作。不仅如此，文帝还在渭阳新盖了五帝庙，祭祀时所用的供品及仪式，也都跟雍五畤相同。他好像是真的被五这个幸运数字迷住了，出长安门，好像也看到有五个人在路北晃动，于是就在正北建五帝坛，祭祀也用五牢。而其如此迷信的结果，却是引来了高级骗子新垣平。

新垣平自然和古往今来一切与权贵做交易的骗子一样，没有好下场。但包括封禅在内的官方与民间祈求神灵保佑的祭祀活动，在长时段中国历史中曾经如此繁复、普遍与盛行，不能不引人叹息与深思。

泰山石刻

《封禅书》（下）：

行骗的方士与做梦的帝王

这一节我们接着讲《封禅书》，主要是汉武帝的故事。

讲《封禅书》的汉武帝部分，首先要讲的，是它的一桩公案，就是它几乎全部被抄进了今本《史记》的《武帝本纪》里。这当然不是司马迁自己干的，但是谁干的，今天已经无法考证了。不过能让那么个全文抄袭的《武帝本纪》，代替原本的《今上本纪》留在《史记》里，还从来没人想到要删掉它，说明它足以当一篇《武帝本纪》看——其实不能说是一篇，只能说是半篇，因为它只写了汉武帝的"文治"，也就是祭祀活动，而没有写汉武帝的"武功"，就是打匈奴。

不过《封禅书》里写汉武帝的故事，重点却不在行封禅，而在敬鬼神。这从这部分开头第一句话，就可以看出来："今天子初即位，尤敬鬼神之祀。"意思是今天咱这位天子自打登基时起，就特别看重祭祀鬼神。

这是为什么呢？

这是因为，历代君主举行封禅大典的目的，主要是张扬统治的合法性和宣示领地，这两点对汉武帝而言，不用说都已经解决了。相比之下，对汉武帝而言，更为迫切的，是要解决个人在帝王的位置上永远待着不下来的问题，简单地说，就是如何实现长生不老的梦想。长生不老当然不能靠人，因为人都是要死的；靠什么呢？靠天。因此，这时候的汉武帝，就特别期待有人站出来，不走寻常

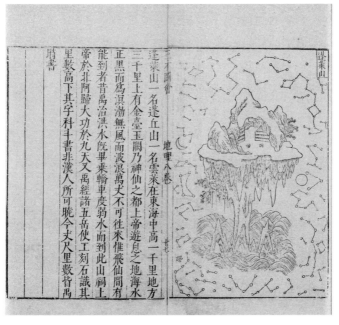

明万历刻本《三才图会》里的蓬莱山

路，在正规的封禅仪式之外，为他提供另一种沟通天人的新渠道。

所以我们看《封禅书》的汉武帝部分，虽然说了按照制度"五年一修封"，实际正面详细写赴泰山封禅，只有一次；而写得更多的，一个是郊祠，也叫郊祀，就是在首都的近郊地带进行的祭祀活动；另一个是入海，求蓬莱仙境，求见真神。

无论是郊祀还是入海求仙，都需要合适的中介。于是，方士登场了。

方士是一批怎样的货色呢？这个在《封禅书》的前半部分已经有过描写：他们主要出产于战国时代的燕国和齐国。他们的标配，是手里都攥着一把秘方，都会玩隐身术，都好谈鬼神故事，还都有点海外关系——点开各自的朋友圈，都有几位神仙大咖。而这些神仙大咖你永远都见不到，只有通过这些方士的传话，才依稀可以领略一点大咖们的风采。

这样的方士，说穿了其实就是文化骗子。但是，从秦始皇开始，帝王们就心甘情愿地上当受骗。在汉武帝之前，轰动汉代朝野的，有新垣平，上一节我们已经提过他的名字。这位新垣平，就是靠骗汉武帝的爷爷汉文帝出名的。

当年的新垣平，是以国家级一流气象学家的身份进入汉文帝的视野的。他第一次见文帝，就以首都长安"东北有神气"为由，建议造新祠祭祀上帝。这一建议被最高领导人采纳，著名的连体建筑——渭阳五帝庙，就这样被建了起来。但第二年，这位新垣先生就玩花招，让人拿了个玉制杯子，专门打报告给中央，要求进献。他自己呢，在皇宫里当托儿，跟汉文帝说："我看宫外有宝玉神气来了。"文帝一问，果然有人献了个玉制的杯子，杯子上还刻了四个字"人主延寿"，意思是皇上万寿无疆。这事当时表演得很成功，但过了不久就被人告发，新垣先生也得了个满门抄斩的下场。

但方士们还是前赴后继，骗完了爷爷骗孙子。汉武帝也有意思，好像特别愿意被骗。翻一翻《封禅书》，武帝封禅前后，骗子好多啊。

早期出名的，是个叫李少君的专家。这位李专家的特长，一是祠灶，就是拜灶王爷，这属于宗教学；二是谷道，就是辟谷之道，不吃饭也能活，这属于心理学和农学互动；三是却老方，就是青春永驻的秘方，这个应该是化学了吧。因为他的专长有明显的交叉学科性质，所以深受汉武帝的尊重。李专家呢，自己最得意的还是秘方，他隐瞒了自己的真实年龄，总说自己只有七十岁，能驱使万物，抵抗衰老。有一回在宴会上，他碰到一位九十高龄的老人，就跟老人说，我从前和你爷爷一起玩，地方就在某处，正好这老人小时候跟着自己的爷爷，确实去过那某处，还记得，待李少君这么一说，证实了，满桌的宾客都

241

惊讶不已——其实说穿了，也就是参加宴会前情报工作做得到位而已。

这李少君真正玩得大的，是产学研结合做国家重大项目。他向汉武帝申报的项目，属于高科技，攻关方向是化丹砂为黄金。按照他申请书的介绍，等项目成果出来了，用那黄金做酒杯和饭碗给汉武帝用，汉武帝就可以增加寿命；增寿了，汉武帝就可以见到海上的蓬莱仙人；见过了蓬莱仙人，再去封禅，汉武帝就跟不死的黄帝一样了。这么具有国际水准和应用前景的重大项目，汉武帝当然批准啦，还给配套了个方士入海求仙的重点项目。结果，直到李少君都得病死了，项目还没结项。这汉武帝呢，执迷不悟，认为李专家并没有死，只是化身去了新世界，为高科技重大项目继续拼搏了，就选了齐国故地的一位史官宽舒，接手李少君留下的项目资源继续干。结果引得满世界都是李少君一流的燕、齐方士，争先恐后地向朝廷申报同类项目。

李少君之后，又出来个叫栾大的，名字虽然俗了点，可人长得帅，胆子和口气都比少君更大。他自称有一位师父，从不求人，只有人求他。就是这位师父，有四样本事，每一样都点到汉武帝的死穴：第一样是能堵住正在闹洪水的黄河的决口，第二样是能炼成黄金，第三样是能找到长生不死之药，第四样是能请仙人下凡。栾大说，皇上您若是想要得到这些秘方，就一定要把这位不会露面的师父的使者当贵宾一样招待，给他特权，他就会帮您跟神人沟通。

汉武帝一听，好兴奋啊，就一口气给了栾大五个"将军"的封号，分别是五利、天士、地士、大通和天道，其间还头脑发热，把女儿卫长公主都嫁给了栾大。栾大呢，做了汉武帝的女婿，胆子就更大了。汉武帝给他颁发最后一个"天道将军"的封印时，搞了个真人秀，夜里派了个特使，穿着插着羽毛的衣服，站在白色的茅草上等栾大。没想到，栾大早有察觉，也来了个对等的真人秀，那天晚上出场时的装束，竟和汉武帝的特使一模一样，也是插着

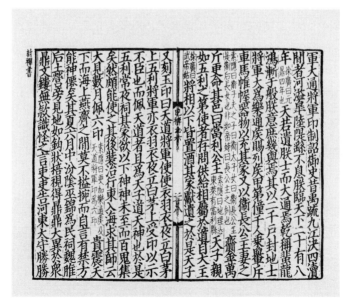

民国间商务印书馆影印南宋黄善夫刻本《封禅书》所记栾大部分

羽毛，站在白茅上。他不卑不亢地接受封印，摆出的架势，是我栾大并非帝王的臣子，而是下凡的天使。

在《封禅书》里最晚登场的方士，是公孙卿。这位来自齐国故地的宗教学专家，先是以一封神秘的书信引汉武帝上钩，因为其中有"汉之圣者，在高祖之孙且曾孙"这样的预言，而武帝正在汉高祖曾孙之列。这封信的来历曲折：公孙卿说他从一位姓申的老先生那里得到的，而那位申先生已经死了；死了的申先生，生前据说和神仙安期生是好朋友；而安期生呢，据说又是受过黄帝教导的。这位公孙卿的口才真是了得，竟把黄帝骑龙上天的故事，说得跟亲眼所见一样，让汉武帝羡慕得不要不要的，说："啊呀！我要是能够像黄帝那样上天，那我会把丢下老婆孩子看成像脱了双鞋子一样地简单。"也就是这位公孙卿，后来

西汉鼎湖延寿宫遗址出土的汉瓦当，上有"益延寿"字样（西安秦砖汉瓦博物馆藏）

一直骗汉武帝，说有办法可以让武帝和神仙有一次美丽的邂逅，并说神仙喜欢楼房，闹得武帝有一阵到处给神仙姐姐造别墅，但最终除了据说是神仙姐姐的大脚印，其他的连个影子也没见到。

司马迁参加过汉武帝的封禅大典，后来作为汉武帝的机要秘书，也应该近距离目击了这些方士的骗术，在《封禅书》末尾的"太史公曰"部分，他写道："余从巡祭天地诸神名山川而封禅焉，入寿宫侍祠神语，究观方士祠官之意，于是退而论次自古以来用事于鬼神者，具见其表里。"意思是我跟随皇帝巡视祭祀天地各位大神、名山大川，并参与了封禅大典，还进入一个叫寿宫的地方陪同祭祀，听到祠官和神灵交流的话，我追究方士和宗教官员们的本意，由此退而书写自古以来从事与鬼神交流的人事，目的就是想完整地揭示他们的表象和本质。这话说得很含蓄，也很艺术，但"究观方士祠官之言"，这样并列民间行骗的方士和宫廷主管宗教事务的祠官，背后的涵义，不是很耐人寻味吗？至于所谓"具见其表里"，"表"自然是"敬鬼神"、行封禅，那"里"呢，不就是做春梦、求长生吗？

当然，我不认为我们因此就可以拔高司马迁，觉得他写这些话，是有非常清醒的反迷信的科学意识的表现。正相反，司马迁在《史记》中表现出来的，是他同样具有浓厚的天人感应和历史轮回的迷信意识。我想，他只是认为，

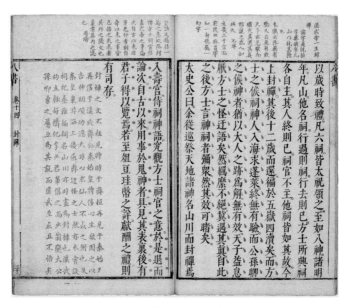

明刻本《史记钞》之《封禅书》末的太史公曰

像苍蝇一般不停地追逐着汉武帝的那帮行骗的方士，对于天人感应的理解水准是如此地低劣，哪里可以跟他自己对天象人事关联的理解相媲美。但遗憾的是，他对于天人感应的深入研究与深刻理解，却得不到近在咫尺的汉武帝的善意回应。

而从这样的视角看《史记》的八书，其实《封禅书》是应该和之前的《天官书》联系起来读的。因为司马迁写《天官书》，除了客观地叙述历史上的天象观测记录，提供传统的天极、北斗、四象、二十八宿等早期的星空名号，同时也十分关注与地上的人事相关的天象异常现象，将它们视为天人感应、历史循环的独特表征。

我们讲《天官书》时，最后说到，司马迁怎么像吃了豹子胆，说话十分地冲，甚至敢直白地教导最高统治者："太上修德，其次修政，其次修救，其次修禳，正下无之。"意思是最理想的状态是修炼你的道德，其次是清明政治，其次是补救缺失，其次求仙拜神，最下等的是没有办法，联系《封禅书》所写看，其真实的意图，也是期待汉武帝能从方士的迷魂阵里解脱出来，走进他所构建的大气磅礴的天人感应世界。因为在他看来，只有他发现的"为国者必贵三五"，也就是国家治理者一定要重视三十年、一百年、五百年和一千五百年的自然循环之道，并注意其间发生的异常天象，才是治国理政的正道。

但无论是《天官书》还是《封禅书》，汉武帝应该是都没有看过。而《天官书》那样大胆的劝谏，跟《封禅书》里如此辛辣的讽刺，都能安然无恙地保留了下来，我想是由于《史记·太史公自序》里的提要，尤其是《封禅书》的提要，保护了司马迁。古人读书，尤其是读大部头的书，一般先看目录和目录里各篇的提要，纸张发明以前更是如此。《太史公自序》里《封禅书》的提要，是这样写的："受命而王，封禅之符罕用，用则万灵罔不禋祀。追本诸神名山大川礼，作《封禅书》第六。"意思是即使受天命而登上帝王宝座的，施用封禅仪式的都很罕见，而只要施用了封禅仪式的，那么千万神灵都无一不被祭祀；我这篇文字，是追踪本源，记录祭祀各位大神和名山大川的礼仪。你看，不仅没有丝毫的讽刺意味，还一开头就把受天命的高帽子，戴到了已经封禅的古今帝王头上，汉武帝看了这般平庸无趣的提要，哪里还会想到再去翻检原篇呢。

说
《书》

《河渠书》（上）：

漕运，运什么，运到哪里去

上两节我们讲了《封禅书》，这一节开始我们讲《河渠书》。[1]

《河渠书》篇名里的"河渠"，"河"是指黄河，"渠"则是水渠，前者是自然河流，后者是人工水道，合在一起讲，作为制度史话题，很显然，主题就是水利。《史记》里没有像后代正史那样相对客观的"地理志"，而独有自然与人事相纠葛的"河渠书"，说明司马迁的关注焦点，是制度背后的人。

《河渠书》的取材，除了最前面一部分，来自夏商周三代文献，更多的，是司马迁广泛利用本朝档案，并吸收了同时代目击者的口述，加上他本人曾亲历抗洪第一线的难得经历，所以全篇多记汉朝故事，而且所记既生动，又深入。

河渠書第七　　　　　史記二十九

夏書曰禹抑鴻水十三年過家不入門　陸行載車水行

載舟泥行蹈毳山行即橋　以別九州隨山濬川任土

作貢通九道陂九澤　　度九

山　　　　　　　　　然

河菑衍溢害中國也尤其唯是為務故道河自

積石歷龍門　　　　　南到華陰

民国间商务印书馆影印南宋黄善夫刻本《史记》里的《河渠书》卷端

这里就要说到这篇《河渠书》，跟《汉书》里同样写水利制度的《沟洫志》，两者的关系问题。由于《汉书·沟洫志》的文字，跟《史记·河渠书》很相近，所以近代曾有一种说法，认为《河渠书》是后人抄了《沟洫志》的文字，塞进今本《史记》里的。这方面最典型的，就是崔适在所著《史记探源》一书里的意见（这位崔先生甚至认为，《史记》"八书皆赝鼎"，也就是说《史记》的八篇书，都是假货）。不过，如果我们尊重历史，知道《汉书》的前身是班固他爸班彪所写的《后传》，而《后传》，又是当时数十家《史记》续书中的一家，那么班固既然把《汉书》定为西汉一代的断代史，取《史记》的篇章文字放进自己主编的书里，在当时是顺理成章的事。崔适的说法，显然是不能成立的。

　　司马迁写《河渠书》，是从大禹治水写起的，他根据的，是《夏书》。"夏书"的称呼，比较常见的，是指《尚书》里的《禹贡》和《甘誓》两篇，因为它们所记都是夏朝的事。但比较《河渠书》开头一段，和《尚书》中专讲治水的《禹贡》篇，两者的文字相同处，只占很小一部分，那么司马迁当年所依据的，或许还有别的我们今天已经看不到的夏代文献。

　　大禹治水以后，《河渠书》写水利制度，主要是两条线，一条是治理黄河水患，一条是修渠和漕运。这一节，我们主要讲后一条线：修渠和漕运，尤其是漕运。

在修渠和漕运的部分，《河渠书》先介绍了像鸿沟、都江堰、郑国渠这样著名的水利工程，但进入汉朝，司马迁的关注点，除了黄河水患，就几乎全部在漕运了。

所谓漕运，是指古代中央政府把所征收的粮食等物品，经由水路，运往首都或其他特定地点的一种组织与管理方式。漕运大概在秦代就有了，比如《汉书》的《严安传》里，引严安上书，其中就说到为了攻打南越，秦始皇曾派一名叫禄的监臣"凿渠运粮"。而这位监禄主持开凿的，就是沟通湘江与西江的著名河道——灵渠。

西汉时期，因为要供养首都长安，一直通过黄河、渭河等自然水系的漕运，将函谷关以东的粮食运往关中。而西汉前期的实际情况是，黄河三门峡中的砥柱——就是成语所说"中流砥柱"那地方——水势过于险峻；渭河呢，水道过长，又过于曲折，漕运所花代价很大，很不经济。所以相关部门的官员，就想以修渠的办法，来改善漕运的不利状况。

《河渠书》里讲漕运，首先登场的，是汉武帝时负责农业工作的大农令郑当时。

郑当时说，从前关东漕运的粮食，都是通过渭河运来长安的，这中间有两个问题：一个是费时间，算起来漕运一回要花六个月；第二个是水道条件差，渭河用于漕运的河道，因为曲折过多，长达九百多里，而且常常有漕船难行的地方。因此他建议，引渭水修一条人工渠，起点在长

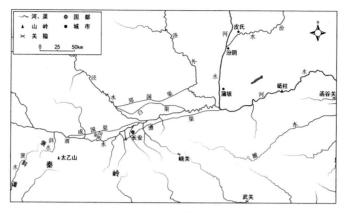

关中漕运示意图

明万历刻本《三才图会》里的砥柱图

安，向东沿着与渭河平行的南山，一直修到与黄河连接的地方。这条渠的优点是，虽然与渭河基本平行，可走的是直线，而且容易漕运，所以算下来，漕运一回只要花三个月的时间。再说，渠如果修成了，渠旁边的一万多顷民田，还可以用渠水来灌溉。

郑当时把他这个建议的要点，归结为"损漕省卒"四个字，也就是既减少了漕运的时间，又省下了运粮的人工，加上外带还能使关中土地更加肥沃，增加出产。这建议自然获得了汉武帝的批准，并当即"令齐人水工徐伯表"，也就是召来山东籍的水利工程师徐伯勘探测量，就此开始动用数万人修渠，时在汉武帝元光六年（公元前129年），而漕渠修成，又是三年之后的事了。

渭河漕运的问题解决后，上游的黄河漕运问题，也被提了出来。据《河渠书》记载，这回给朝廷打报告的，是河东太守番系。

番太守报告的开头，讲的是"漕从山东西，岁百余万石"。这句话里有两个名词，需要先解释一下。第一个是"山东"。"山东"作为一个区域地名，是有一个古今变化的：今天我们熟悉的山东省一带，大约是从明代设山东布政司开始的；明代以前，南宋跟金代对峙时期，金人是以北宋的京东西二路，为山东东西二路的；再往前，北魏到五代时期，是以太行山以东为山东；更前面的战国秦汉时期，则通称崤山或华山以东为山东——最后这个，也就是番系所谓的"山东"。第二个是"石"。"石"是传统的计量单位，后来也写成挑担子的"担"。旧式算法，一石相当于一百二十市斤，也就是六十公斤；而在汉代，一石等于十斗。

按照番太守的介绍，这一年上百万石也就是六千多万公斤的粮食，从崤山或华山以东的中原地区通过黄河向西漕运，经历砥柱山的艰险，损失惨重，也花费太大。因此他也建议修建人工渠——但目的不是漕运，而是灌溉。

番太守的设想是这样的：从华山北面黄河的支流汾水，引水开渠，去灌溉汾水北边的皮氏和黄河东侧的汾阴；同时又从黄河引水开渠，去灌溉汾阴以及与汾阴同处黄河东侧、而位置更南的蒲坂。这三个地方受渠水灌溉的土地，算下来大概有五千顷；而这五千顷本来全都是黄河边上废弃不用的空地，老百姓只是在那里割草放牧，现在把它们灌溉了，全部变成了农田，那么一年的收成，大概有二百万石以上。这样粮食直接通过渭水运往长安，就和关中自产的没有什么区别，而黄河砥柱以东，就可以不用再实施漕运了。

番太守的这一建议，比之前郑当时的建议，更具远见。关中虽在秦汉时期已成为名副其实的政治中心，但经济上却一直要依靠关东地区，黄河与渭河的漕运之所以重要，就在于此；而相比之下，函谷关以东黄河的漕运，尤其重要。番系的建议，表面上看只是一个巧点子，是用灌溉废地的收成，来抵冲黄河漕运的粮食。而其背后的实际含义，却是立足关中本位，寻求从根本上解决首都地区对关东经济依赖的大问题。

但是计划赶不上变化。番太守的点子虽好，汉武帝也明白其价值，很快批准实施，但这点子本身，却包含了一重提议者没有考虑到的因素：黄河水患。现实的结果是：渠修好了，田也灌溉了，但是黄河却改道了。黄河一改道，渠就不行了；渠不行了，农民连在渠下播种的本钱也收不回了。

1979 年，在山西发现了"蒲反田官"器（"蒲反"就是蒲坂），据考就是当年番太守动议修建河东渠时所用的量器，它的容量，为汉制八升。[2] 番太守失败的修渠计划，留下的痕迹，似乎只有这只量器了。

或许是漕运这题目在汉代太出彩了，郑当时、番太守之后，著名的酷吏张汤，也在《河渠书》里粉墨登场，给汉武帝出起了主意。

张汤的主意并非来自他本人。说是有一位不知何方的人士，上书朝廷，建议修建沟通褒水和斜水之间山路的褒斜道，并提到了相关的漕运问题。这上书下发到当时担任御史大夫的张汤手里，张汤或许是看出办成这事于己有利，就曲意迎合这上书里提出的建议，并因此给汉武帝作了一番详细的解释。顺便说一下，《河渠书》里的这段话里，有

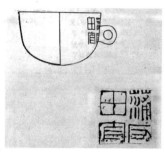

"蒲反田官"器原件、侧视图和铭文拓片

张汤"问其事"三个字，清代学者王先谦在所著《汉书补注》里说，这个"问"字，应当是个"阿"字，"阿"就是迎合的意思。

看地图就可以知道，修建褒斜道的最实际用途，是更方便快捷地沟通长安与西南巴蜀的联系。所以张汤的解释，就从抵达巴蜀的"故道"说起。所谓"故道"，是从长安沿着渭水向西，经过著名的陈仓，转而南下，直通蜀地的一条旱路。这条路据张汤说，是"多阪"且"回远"，也就是既多山坡，又曲折路远。相比之下，如果打通褒斜道，则不仅可以少走山路，而且要比走故道近四百里。

修褒斜道的好处，还不止于此。张汤接着给汉武帝描述了一幅崭新的漕运蓝图：褒水是跟渭水南面的沔水相通的，斜水则直接与渭水相通，沔、褒、斜、渭四水都可以行船漕运。假设漕运的粮食，从河南南阳出发，经过育水，送到沔水，再向西一直运到褒水，到了褒水的"绝水"也就是源头，沿着新修的褒斜道，大约不过百余里的路程，用车辆转运，接着到斜水再走水路，沿渭河直抵长安，"如此，汉中之谷可致，山东从沔无限"，也就是说，汉中郡一带的粮食可以顺利地得到，而华山以东地区通过沔水西行的漕运也可畅通无阻。张汤因此特别强调：这是一条比走砥柱更方便的漕运之路！

这样美丽的蓝图，汉武帝自然是不能不批准了。张汤的好处也随之而来——他的儿子张卬得封汉中太守，发动几万人修建的褒斜道工程由此拉开序幕。

褒斜道修成了，五百里的路程，比原来走故道着实是近了。但相关的水道中，到处是激流乱石，其实根本无法漕运。

顺便可以一提，《河渠书》所记张汤的这段高论里，有一句话涉及汉代人的地图方位，就是："漕从南阳上沔入褒，褒之绝水至斜，间百余里，以车转，从斜下（下）渭。"以今天通行的上北下南方位说，从南阳到沔水是下行，从斜水到渭水是上行，而汉人却相反，说明当时通行的地图方向，南和北，跟今天正好是颠倒的。

由于漕运计划一再失败，张汤之后，《河渠书》里就不再有人建议此事了。但在中国经济制度史、交通史和水利史上，漕运是一个经久不息的话题。漕运运什么？运粮食和物资；运到哪里去？运到首都去。这种通过自然水道和人工水道，长距离运送粮食和物资的政府行为，只有在大一统的王朝政体中才能实现，所以漕运是从秦汉才开始出

长沙马王堆三号汉墓出土西汉地图（上南下北）

现的。但我们看《河渠书》里写的这三个西汉前期的漕运案例，成功的只有局部性改进的郑当时计划，番系和张汤的计划，或者因自然条件未考虑周全而搁浅，或者因个人人品问题而泡汤，而根本的原因，其实是这些主事者没有（更确切地说是无法）从中国自然地理的大视野去考虑问题。中国地理的西高东低，决定了河流的基本走向是"一江春水向东流"，所以用行政手段实施的向西漕运计划，是一种逆势而上的做法，必然困难重重。西汉以后，中国历代王朝的首都，之所以有不少设在东部，原因很多，而漕运相对便利，恐怕也是客观原因之一。

最后顺便提一下，因为《史记·河渠书》所写的故事，涉及修渠与漕运，有实际的应用价值，所以在汉代颇受重视。据《后汉书》记载，东汉时候有一位名叫王景的治水名臣，因为修建了一处名为浚仪的水渠，有功劳，得到了汉明帝的嘉奖，而奖品之一，就是当时还难得一见的《史记》的单篇《河渠书》。

《河渠书》（下）：

一条大河波浪宽，洪水来了就翻天

上一节我们讲《河渠书》，说《河渠书》写水利制度，主要是两条线，一条是治理黄河水患，一条是修渠和漕运。上一节主要讲了后一条线，修渠和漕运；这一节我们讲前一条线：治理黄河水患。

黄河水患在中国历史上由来已久。《河渠书》开头讲大禹治水，"然河菑衍溢，害中国也尤甚"这一句，以及下面的文字，就是专门讨论大禹治黄问题的。

首先应当指出，"河"在中国传统语境中的本义，是特指黄河；而"中国"的概念，此时尚指黄河流域的华夏族活动区域。现在通行的指称我国全部领土的"中国"概念，起源于十九世纪。

其次值得注意的，是《河渠书》描绘的大禹治黄路径，几乎涵盖了当时人所知的整个黄河流域。它西起早期中国人所以为的黄河源头——积石山（今阿尼玛卿山），途经司马迁家乡附近的龙门，再南下到华山北面的华阴，转而东下，过三门峡附近的砥柱山，出孟津、雒汭，又直抵东北方向的河南大邳山，联系下面提到的"厮二渠"，以及"播为九河，同为逆河，入于勃海"，也就是先分黄河下游河道为两支，再分主河道为数支，这数支河水入海前，河口一段均受潮汐的倒灌，所以就以"逆河"的形象归入渤海——顺便说一下，这"逆河"学术界有不同的解释。我这里是根据复旦大学历史地理研究所的老所长谭其骧先生的论文《西汉以前的黄河下游河道》中有关考证来写的[1]——显然，能够在上古极为不便的交通条件下，完成如此长距离的跋涉，并成功地治理水患的，不是一个人，而是一位神。换句话说，大禹在这里更可能只是一个象征；面对黄河洪水的数度泛滥与改道，先民们的长时段搏斗，最终获得华夏族平安的局面，才是常留在中国人心中的集体记忆。

讲了大禹治黄，司马迁在《河渠书》里花了更多的篇幅，来讲他身处的汉代的黄河水利形势。

但一开场，就又是发大水。汉文帝十二年（公元前168年），黄河在东郡酸枣地方决口，冲垮了号称金堤的千里堤，对司马迁来说还是历史。约四十年后，准确地说是三十六年后的汉武帝元光三年（公元前132年），黄河在酸枣以东的瓠子发生大决口，则已是司马迁记忆中的事了。

　　瓠子河本是黄河的一条小支流，最初它从今天河南濮阳的南部分黄河水，向东流经今天的山东鄄城、郓城、梁山、阳谷、阿城等地，注入济水。元光三年（公元前132年）的瓠子决口，使得黄河洪水沿着瓠子河向南冲破巨野大泽，一直漫到了淮河与泗水流域。

　　汉武帝当时特派前往处理洪灾事务的，是汲黯和郑当时。汲、郑二位都是汉景帝时就做官的老臣，都有廉洁的好名声，又是好朋友；不同的是汲黯个性刚毅，时常犯颜直谏，而郑当时平生好客，在皇帝跟前却从不乱说。《史

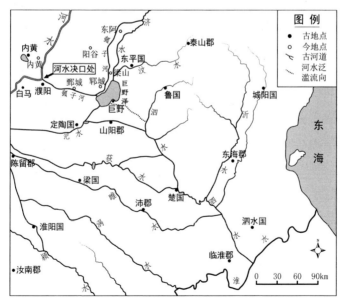

瓠子决口示意图

记》有《汲郑列传》一篇，专记两位的事迹。推考起来，汲黯这时担任的是主爵都尉，而郑当时好像是右内史。两个职位，都在"九卿"之列，但汲、郑二位当时可以动用的人工，却只是一帮刑事犯，所以堵瓠子缺口没多久，黄河还是泛滥。

但其实黄河的屡治不成，除了因为是天灾，还由于有人祸。这人祸，便是武安侯田蚡。

田蚡何许人也？他是汉武帝的亲舅舅，当朝丞相。这位田丞相的来路与做派，司马迁在《史记》的《魏其武安侯列传》里有极为生动的描写。说是此人虽然长相困难，但仗着自己是王太后的哥哥，花天酒地，骄横贪财，有时连做皇帝的外甥也奈何他不得。后来他和魏其侯窦婴搞权力斗争，最终搞到两败俱伤，也算是咎由自取。

据《河渠书》记载，当时田蚡的"奉邑"在黄河北岸一个名为鄃的地方。黄河在南边决口，则北面的鄃就不会遭水灾了，没水灾自然收成就多了。所以田丞相特意跟汉武帝说："长江、黄河发生决口，那都是老天已经安排好的事，恐怕不容易用人力去强行给它塞住，就是塞住了也不一定合乎天意。"田丞相是汉武帝的亲舅舅，加上一旁还有些望气算命的方士帮腔，外甥皇帝竟言听计从，连着好几年都不管河灾的事情了。

那么，田蚡为什么这么看重他"奉邑"的收成呢？这还得从什么是奉邑讲起。奉邑又称"食邑"、"采邑"，原是古代诸侯封赐给自己属下的卿和大夫的，它们是永久性的俸禄，包含了一个特定区域内的田地、城池以及农民。封赐奉邑之法，至晚在周代已经颇为盛行，战国秦汉时期虽不再世袭，甚至受封者在奉邑内也不再有统治权，但奉邑的大小与爵次高低相配，奉邑内的赋税全部充当受封者的食禄，却是一直延续下来了。

说白了，到了汉代，皇帝给有侯、伯等爵次的属下以奉邑，实际上就是以当时最实用的办法，给这些达官贵戚们发高薪。只是这高薪是会随着老天的脾气变化的，如果某人的奉邑正在洪水路过的道上，则田地被毁，赋税收不上来，那也只好自认倒霉。如此说来，田丞相怎么可以容忍已经漫出黄河南岸的洪水，在被堵上缺口后，又改道跑到河北岸来毁他的好收成呢！

就这样，从元光三年（公元前 132 年）黄河在瓠子发生大决口，汉武帝因为舅舅丞相田蚡的原因不予治理，又过去了二十多年。

黄河水患长期得不到治理，最直接的结果，是汉朝的农业连续多年未出现丰收，而黄河下游两岸，北方的梁地与南方的楚地，影响尤其严重。这时节汉武帝已经非常喜欢玩"封禅"一类的政治游戏了——所谓"封"，就是在泰山上筑土为坛祭天；所谓"禅"，就是在泰山下的梁父山上辟场祭地。合起来的"封禅"，就是指帝王级的祭祀天地仪式——封禅后一年又碰巧遇上干旱，"干封少雨"。所谓

"干封"，就是帝王封禅后要让老天连续三年不下雨，以便晒干祭坛上的土。汉武帝大概觉得这是天意，所以命令汲仁、郭昌两位大臣动用数万人堵塞黄河瓠子的决口。不仅如此，他还亲自出马，在万里沙祈祷之行结束后，特意御临瓠子决口，在黄河里放沉白马与玉璧，以表示自己治理黄患的决心。由于情况危急，更由于此时的汉武帝一心要彰显他封禅的效力，他下令：随行的大臣官僚，凡将军职位以下的，一律都要亲自背柴草填黄河决口！

当时东郡地方通行烧草为炊，所以柴草奇缺，不得已就把淇园的竹子也都砍了，来做一种名为"楗"的大型堵水工具。这淇园在春秋卫国境内，位于今天河南淇县，《诗经·卫风》有《淇奥》三章，起首"瞻彼淇奥，绿竹猗猗"咏叹的，就是淇园闻名于世的竹林胜景。"楗"据《史记索隐》的解释，是"树于水中，稍下竹及土石也"，而"楗"字以"木"为偏旁，则推想起来，它应当是先在水中打木围桩子，然后向围中投竹杆和土石，以此逐步堵住黄河缺口——意味深长的是，1998年长江发生百年未遇的特大洪水，8月7日，江西九江段长江堤岸因洪水引发60米大决口，有关方面采用"框架结构土石组合坝技术"成功加以封堵。而我们看当时的新闻报道，该项堵决口技术的基本原理，其实是以植入钢管木架加投土石为基础的，这不就是汉代的"为楗"法吗？[2]

但即使汉武帝亲临瓠子决口前线，黄河却仍不见臣服。

武帝悲从中来，写了两首乐歌，后来通称为《瓠子歌》。两首歌中的第一首，文辞悲怆而叠用口语，带有一代天子少见的绝望色调；第二首情绪稍显激昂，文辞也略见韵味。这第二首写作的时间，由最后两句看，应该在瓠子决口被堵，决口遗址上建起了著名的纪念性建筑宣房宫以后。因为那最后两句唱的是："颓林竹兮楗石菑，宣房塞兮万福来"，意思是：伐光树木竹林呵打下盛石桩柱，宣房决口塞住呵迎来万千幸福。

　　汉武帝的这两首《瓠子歌》里，都提到了一位黄河水神"河伯"：第一首里说的是"为我谓河伯兮何不仁"，第二首里是"河伯许兮薪不属"。在《史记·滑稽列传》的末尾，记有战国时魏国的西门豹治邺，当地也流传河伯娶媳妇的习俗。河伯的来历，据《史记正义》说，是华阴潼乡人，姓冯，名夷，因为在黄河里洗澡，溺死了，就成了河伯。这种传说是否可靠，已无法证实了。但在《山海经》的《海内北经》里，已经有"冰（冯）夷"的名字，据说长了一张人脸，乘着两条龙，可知作为水神的河伯，渊源是非常悠久的。不过有意思的是，这位乘着两条龙的河伯，他的重要地位，在后来的中国诸神谱系中，却被一位新的法力更为广大的水神"龙王"所取代。而究其缘由，可能和东汉以后佛教的传入有关。此外，历代各靠近江河湖海的地区，多建龙王庙，俗语又有"大水冲了龙王庙"一类的说法，却不见河伯庙，河伯至多不过在龙王庙里当"伴郎"，由此看来，汉代以后"土鳖"河伯的地位，显然要比后来的海外引进人才龙王低很多了。

瓠子决口的胜利堵住，无疑是汉代黄河水患治理的最大成就。汉朝廷以此乘胜前进，将黄河向北流的河道一分为二，大致恢复了传说中大禹治水的旧迹，而梁、楚之地也终于恢复宁静，不再为水灾所苦。

瓠子决口的胜利堵住，也惹得一班大臣再度争谈水利之事，当然实际的开渠灌溉，倒也着实成就了不少。其中像关中的灵轵渠，在后代就影响深远。

"水利"一词，在《史记》以前，多解释为水产鱼虾之利。比如战国末期秦国丞相吕不韦集合门客编撰的《吕氏春秋》里，有《孝行览·慎人》篇，篇中讲舜登天子位之前的情形，有"以其徒属掘地财，取水利"等等的话，其中"取水利"的"水利"，就是指水产鱼虾之利。只有到了《河渠书》，"水利"才被明确赋予治河修渠等工程技术的专业性质，后来汉语中历代相传的"水利"概念，也是源出于此。

《河渠书》以黄河瓠子决口的最终堵住，并在其上修建宣房宫而告结束。尽管有一个光明的尾巴，但在最后一段的"太史公曰"里，司马迁带给读者的，仍是一份挥之不去的沉重悲叹。他自然是个上南下北、走东闯西的好汉，见多识广，但从历史到现实，水使他最感惊怵的，还是那利弊兼具、难以捉摸的极端本性。又由于他在汉武帝亲临瓠子时，也曾应命赶赴黄河，背着柴草堵决口，这难得的经历，想必一定使他对水利乃至自然环境与中国政治的纠葛与关联，有了一层更深切的体悟。他读皇帝陛下的《瓠子歌》，读出来的，一律是悲意，或许正说明，在他看来，河渠水利之事，即使千秋万代之后，仍将是中国人难以克服的宿命。

汭大邳逆河行淮泗濟漯洛渠西瞻蜀之岷

山及離碓北自龍門至于朔方曰甚哉水之

為利害也余從負薪塞宣房悲瓠子之

詩作河渠　徐廣曰薺漁志行田二百畝言弗賦田与一夫二百畝也以田惡故更歲耕之

河渠書第七　　史記廿九

宮而道河水行二渠以復禹舊迹而梁楚之
地復寧無水災自是之後用事者爭言水
利朔方西河河西酒泉皆引河及川谷以溉
田而關中輔渠靈軹有靈軹渠也如淳曰地理志靈軹引堵水
汝南九江引淮東海引鉅定徐廣曰作軹也賛曰鉅之澤名泰
山下引汶水皆穿渠為溉田各萬餘頃他川
渠陂山通道者不可勝言然其著者在宣
房
太史公曰余南登廬山觀禹疏九江遂至于
會稽太隍徐廣曰上古黃堂三月定圓至

唐写本《史记·河渠书》卷尾（日本神田香岩旧藏）

《平准书》:

宏观调控在汉朝

《史记》八书的最后一篇，是《平准书》。篇名里的"平准"二字，字面意思是平衡秤准。它是汉朝出现的新名词，但这新名词并不是司马迁首创的，而是汉武帝元封元年，著名的经济官员桑弘羊发明的。而它所指向的，是一种经济制度上的顶层设计，一种官方的宏观调控政策。

《平准书》开篇，并没有直奔主题，细说这一宏观调控政策，而是绕了一个大圈，先说汉朝初期的经济形势。

汉朝初期的经济，是一种怎样的形势呢？两个字：一个是"穷"，一个是"乱"。是怎么个穷法？《平准书》里写了，就是：皇帝的专车，都找不齐四匹同样颜色的马；将军和丞相，有时出行只能坐牛拉的车；普通老百姓

平準書第八〔漢書百官表曰大司農屬官有平準令〕 史記三十

漢興接秦之弊丈夫從軍旅老弱轉糧饟作業劇

而財匱自天子不能具鈞駟而將相或乘牛車齊

民無藏蓋〔如淳曰齊等無有貴賤故謂之齊民若今言平民矣晉灼曰中國被教之民也蘇林曰無物可蓋藏〕於是

為秦錢重難用更令民鑄錢〔漢書食貨志曰鑄榆莢錢〕黃金一斤

約法省禁而不軌逐利之民蓄積餘業以稽市物

物踊騰糶〔李奇曰稽滿貯也如淳曰稽考校市物賤貴賤有時而出貴故使物甚騰躍晉灼曰踊甚也言計市物賤而豫畜積之也物貴而出賣故使物甚騰躍也漢書糶字作糴〕米至石萬錢馬一匹則百金〔瓚曰秦以一溢為一金漢以一斤

為一金也〕天下已平高祖乃令賈人不得衣絲乘車重

租稅以困辱之孝惠高后時為天下初定復弛商

影印北宋刻本《史記》裏的《平準書》卷端

更不用说了，家里没有任何的积蓄。那么，又是怎么个乱相呢？《平准书》说，不走正道、追逐盈利的一帮小民，囤积多余的货物，观察市场的价格走向，等到价格走高了就出手，结果导致大米每石涨到一万钱，买一匹马竟要花一百斤黄金。[1]

对此从高祖刘邦开始，一方面治乱，矛头专门对准商人，规矩之苛刻，甚至规定到不准商人穿丝织的衣服，不准商人配备专车，并课以重税；另一方面治穷，主要是注意全民赋税与政府开支的合理有度。治穷，在后高祖时代的汉惠帝、吕太后时期做得最有章法，就是《平准书》里写的"量吏禄，度官用，以赋于民"，意思是核算官吏工资，估算政府开支，然后向百姓征收赋税。而此时的汉朝，名义上是统一的国家，事实上经济方面的开销需要中央政府负担的部分并不多。因为《平准书》说了，上自天子下到受封的侯王，都是由私人食邑收入供养着的，不用公家的赋税负担，"不领于天下之经费"。顺便说一下，今天我们在职人员都非常熟悉的"经费"一词，最早就是出自这里的。

不过到了文帝时期，因为没有解决货币问题，加上有匈奴外患，边疆屯守的兵力增多，而粮食不足，政府穷的问题再度暴露出来。于是就出现了成语"卖官鬻爵"里的"鬻爵"政策。具体做法是募集民众中愿意向北部边疆地区输送粮食或者转运粮食的，给他们相应的爵位，最高可以到大庶长。

《平准书》里没有具体说明提出这一输粮换爵位的"鬻爵"政策者是谁。在《汉书》的《食货志》里，可以知道，给文帝出此下策的，是晁错。

景帝时期因为天灾，继承了文帝的"卖爵令"。大概是为了迅速获得政府必需的资金，居然还打折出售爵位。

这样终于熬到了汉武帝时期。汉朝有钱了。

汉武帝时期怎么个有钱呢？《平准书》里有一段生动的描写，至今依然经常被引用。它是这样写的：

"至今上即位数岁，汉兴七十余年之间，国家无事，非遇水旱之灾，民则人给家足，都鄙廪庾皆满，而府库余货财。"意思是到我们皇上登基以后，过了几年，这时候汉朝已经建立了七十多年了，国家没出乱子，只要不是遇上水灾和旱灾，老百姓家家户户都很富足，城市乡村仓库都满满的，而国库里有好多积累剩余的钱。一句话，总体形势好啊。

接下来是写首都："京师之钱累巨万，贯朽而不可校；太仓之粟陈陈相因，充溢露积于外，至腐败不可食。"不得了，京城里积攒的钱巨多，多得都要以万为单位来算，串钱的绳子朽烂，钱币散落数都数不过来；而太仓，也就是京城贮藏粮食的大仓，里面储藏的粟米，旧米加新米，层层叠叠，多得都堆积在粮仓外面，甚至都腐烂了，没法

汉文帝时的五铢钱

吃了。

镜头再摇到市井街道:"众庶街巷有马,阡陌之间成群,而乘字牝者傧而不得聚会。"马是当时最好使也最贵重的交通工具,相当于今天的小轿车。所以这段话翻译成现代版,就是一般平民生活的街道巷子里面到处可以看到小轿车,纵横道路之间有成群的车在开着,而如果你开的是辆普通的国产车,你会被人看不起,不让你跟他们一起混——这段话里的"乘字牝者"四个字中,"字牝"是指会怀孕的母马。所谓"乘字牝者傧而不得聚会",是因为当时骑马,都以骑一匹雄健的公马为荣。

再接下来,是写社会风气:"守闾阎者食粱肉,为吏者长子孙,居官者以为姓号。故人人自爱而重犯法,先行义而后绌耻辱焉。"意思是做地方官吃香的喝辣的,有

汉代画像砖里的单骑马车

个一官半职的就想着留给子孙，这样慢慢地，因为世世代代都做同样一个官，这官名也就成了他们家的姓氏。不过也因此人人都比较爱惜自己的名声，把犯法的事看得很重，而做事也总是首先考虑仁义，贬斥耻辱之事。

不过这样的环境，也会导致另一种后果，那就是接下来的这一段："当此之时，网疏而民富，役财骄溢，或至兼并豪党之徒，以武断于乡曲。宗室有土公卿大夫以下，争于奢侈，室庐舆服僭于上，无限度。"意思是这个时候，法网宽舒而百姓富有，因为有钱，所以花钱任性，滋生骄傲，甚至有地头蛇一类的豪强，用武力垄断乡村政治；从皇家宗室和受封土地的公卿大夫以下，各阶层都争着比谁更奢侈，房子、车辆和服饰也都僭越规制，超过了皇上，还没

《平准书》

277

有停止的迹象。

最后司马迁写道："物盛而衰，固其变也。"意思是任何事物盛到极点就会走向衰败，这原本就是它变化的常态。

因为有了这样的铺垫，《平准书》接下来写汉武帝时期的经济政策，就相对而言比较容易理解了。

这个时候的汉武帝，是个什么心态呢？和上面我们引用的那一段里的汉朝人没什么两样，也就两个字：骄傲。简单地说，因为不差钱，所以汉武帝总有一种想干点啥的冲动。干啥好呢？打仗。他派兵南征北伐，今天攻匈奴，明天打南越，就想用父祖积累的巨款和前赴后继的军人，堆出一个强国来。

另一方面，他下面的那些达官豪强由于不差钱——因为钱是可以私人铸造的——又养成了僭越的习惯，所以当武帝因为连年打仗，国库开始空虚的时候，并没有一批人站出来为他分忧。所以武帝又只好沿着他爹和他爷爷的老路走——卖官鬻爵。他甚至比文景二帝走得更远。《平准书》里记的是："入物者补官，出货者除罪，选举陵迟，廉耻相冒，武力进用，法严令具。兴利之臣自此始也。"意思是拿东西来孝敬官家的，就可以候补官员；愿意献出货物的，还可以免除罪罚；如此一来，官员正轨的选举渠道就名存实亡了，而人会变得不知廉耻，专靠强势上位，法律虽然严酷，而实际仅成具文，形同

说《书》

虚设。最要命的，是专注于盈利的一班大臣，从此开始登场了。

司马迁所谓"兴利之臣"，主要有三位：一位是齐国大盐业主出身的东郭咸阳；一位是南阳开冶铁厂的大老板孔仅；还有一位，是来自洛阳的会计师桑弘羊。桑会计师也出身商人家庭，因为数学成绩好，擅长心算，十三岁小小年纪，就被选拔进京参加经济方面的工作了。

东郭咸阳和孔仅给汉武帝出的主意，是盐铁国有化。而桑弘羊则后来居上，提出的建议，是更具有长久影响的"均输"和"平准"两道计策。

"均输"和"平准"是互为关联的两项政策。它们的起因，据《平准书》说，是因为中央政府各部门在物资采购方面各自为政，互相之间还竞争，结果造成物价上扬；与此同时各地运往京城的物资的价值，有些还抵不上它们的运费。因此桑弘羊提出的方案，是要求皇帝同意主管全国经济的大农部，新增设几十位部丞，分管各个郡国，而在县一级的单位，则设置均输盐铁官，然后下令远方原本需要向京师贡献的物品，按照最贵时候商贾所转运贩卖的价格折价进贡，而物品本身则由各地的均输官负责转运到价高的地方销售，这就是所谓的"均输"。另一方面，大农所属的各级机构掌控全国的货物，看到价格高时就卖出来，价格低了又买进去，如此一来，富商大贾就无法谋取大利，只能返归农业，而所有的物价也不会暴涨暴跌，这就是所谓的"平准"。

得到汉武帝批准的均输、平准之策，与盐铁国有化，以及打击中小商人和向全民征税的"算缗""告缗"制度一起，对于汉朝朝廷而言，当然是有重大意义的，因为中央政府终于可以控制财政全局了，汉武帝也不愁没钱花了。但这样的制度，换一个角度看，也存在着致命的问题，那就是它的出发点，是不惜任何代价保证钱物向京城，尤其是皇家集中，甚至可以采用"令吏坐市列肆"，也就是官员直接进市场做生意，这样的奇葩做法来敛财，在价值观的层面引起的社会混乱，可想而知。

因此《平准书》里唯一以传记的笔法书写的人物——卜式，也就是那位自愿把钱捐献出来，还不要做官的明智商人，在某年汉武帝因天有小旱而求雨时，对汉武帝说："县官当食租衣税而已，今弘羊令吏坐市列肆，贩物求利。亨弘羊，天乃雨。"意思是地方官员本来应该是拿来自赋税的正常的工资生活的，现在桑弘羊却让他们到市场里去摆摊，通过贩卖货物谋求利益。要把这桑弘羊煮了，天才会下雨。也是这位卜式，在汉武帝硬要派他个宫廷羊倌做时，拿养羊作比喻，劝导汉武帝说："不止是养羊，管人也是一样的。按照合适的时间工作和歇息，恶的家伙要马上开除，不要让他们害了整个群。"

　　与后世正史里的《食货志》不同，我们看司马迁的这篇《平准书》，有两个比较明显的特点，一个是虽然是谈经济甚至谈货币制度，但是司马迁好像不那么重视数字，写出来的经常是大约数，比如"凡百余巨万""费亦各巨万十数"；另一个是围绕着经济，他写了不少经济以外的问题，比如对有不同意见的官员颜异的诛杀，导致其他官员只能

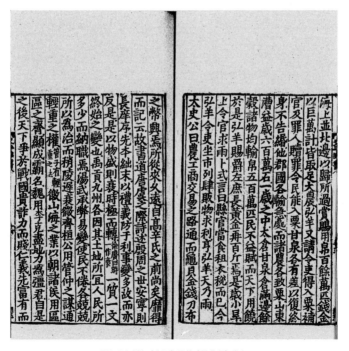

影印北宋刻本《史记》里的《平准书》卷末

诣媚圣上；比如汉武帝的出巡郡国，导致各地太守接二连三地自杀和被杀，等等。我们看他最后的"太史公曰"部分里，再次提到"物盛则衰"，并说"时极而转，一质一文，终始之变也"。可见他写任何制度史，关注的焦点，都是历史中的人，以及由人导致的历史性的变迁。

注　释

卷首：司马迁是一个怎样的人，《史记》是一部怎样的书

〔1〕参见王国维《太史公行年考》，收入所著《观堂集林》卷十一，
　　中华书局影印本，1959 年。

〔2〕参见李长之《司马迁生年为建元六年辨》，原载《中国文学》第
　　1 卷第 2 期，1944 年。后收入李长之所著《司马迁之人格与风
　　格》第 19—23 页，生活·读书·新知三联书店，1984 年。

〔3〕语出司马迁《报任安书》，文收入《汉书》卷六十二《司马
　　迁传》。

〔4〕恩格斯《路德维希·费尔巴哈和德国古典哲学的终结》第 32
　　页，人民出版社，2014 年。

〔5〕见《史记》卷一白三十《太史公自序》之《集解》引东汉卫宏
　　《汉书旧仪注》。

〔6〕《三国志·魏书》卷十三《王肃传》："司马迁记事，不虚美，
　　不隐恶。刘向、扬雄服其善叙事，有良史之才，谓之实录。汉
　　武帝闻其述史记，取孝景及己本纪览之，于是大怒，削而投之。

于今此两纪有录无书。"

〔7〕参见朱维铮《司马迁》，收入所著《朱维铮史学史论集》第80—113页，复旦大学出版社，2015年。

〔8〕梁启超《要籍解题及其读法》，收入《饮冰室合集》第9册第18页，中华书局，1989年。

〔9〕同注3。

〔10〕语出《史记》卷一百三十《太史公自序》。

〔11〕同注10。

〔12〕"正史"这一类目，在中国传统目录学史上，是从唐初所编《隋书·经籍志》开始的，《史记》在《隋书·经籍志》里被列为史部"正史"类的第一种书。

第一卷　说《本纪》：
什么叫改朝换代，帝王又是什么东西

《五帝本纪》：为什么说你我都是炎黄子孙

〔1〕语出毛泽东《论反对日本帝国主义的策略》，收入《毛泽东选集》第一卷第150页，人民出版社，1991年。

〔2〕参见吕思勉《盘古樊瓠与犬戎犬封》，收入《古史辨》第七册上编第156—175页，上海古籍出版社，1982年。又饶宗颐《盘古图考》，《中国社会科学院研究生院学报》1986年第1期。

〔3〕《史记》卷六《秦始皇本纪》里，李斯等上奏议皇帝封号时，已称："古有天皇，有地皇，有泰皇，泰皇最贵。"

〔4〕《史记》等中国早期文献中有关五帝真实性问题的讨论，参见郭永秉《帝系新研》，北京大学出版社，2008年。

〔5〕如清李邺嗣《杲堂文钞》卷四《五帝本纪论》，即云："盖《黄帝本纪》，实太史公之谏书也，当与《封禅书》并读。"

〔6〕刘宋裴骃《史记集解》引皇甫谧说，"《易》称庖牺氏没，神农氏作，是为炎帝。"

《夏本纪》：华夏九州在何方

〔1〕参见许宏《学术史视角下的二里头"商都说"与"夏都说"》，文载《中国文物报》2015 年 11 月 20 日第 6 版；孙庆伟《鼏宅禹迹：夏代信史的考古学重建》，生活·读书·新知三联书店，2018 年。

〔2〕见章炳麟《中华民国解》，收入《章太炎全集·太炎文录初编》第 252 页，上海人民出版社，1985 年。

〔3〕《夏本纪》有关夏朝中心地带在冀州的说法，与现在学界一般看法有一定的距离。

《殷本纪》（上）：来自甲骨文的信史证据

〔1〕此讲和下一讲有关《殷本纪》的讲解，是根据拙作《史记精读》的相关内容改写的。

〔2〕参见裘锡圭《新出土先秦文献与古史传说》，收入所著《中国出土古文献十讲》第 18—45 页，复旦大学出版社，2004 年。

〔3〕以上有关"日名"的解说，承郭永秉教授指教，特此说明，并志谢忱。

〔4〕参见杜金鹏《偃师商城初探》，中国社会科学出版社，2003 年。

《殷本纪》（下）：什么叫"革命"，"革"谁的"命"

〔1〕陈建华《"革命"的现代性——中国革命话语考论》，上海古籍出版社，2000 年。

《周本纪》（上）：文质彬彬，也有野蛮的前身

〔1〕参见游汝杰、周振鹤《从语言学角度看栽培植物史》，文载《农业考古》1986 年第 2 期。

〔2〕见陕西省考古研究所、宝鸡市考古工作队、眉县文化馆杨家村联合考古队《陕西眉县杨家村西周青铜器窖藏发掘简报》，《文物》2003 年第 6 期。

〔3〕见《论语》之《八佾》。

〔4〕如唐人梁肃有《西伯受命称王议》一文，就太史公《周本纪》所记"诗人道西伯以受命之年称王"，谓："予以为反经非圣，不可以训，莫此为甚焉。"梁文收入《唐文粹》卷四十二。

〔5〕如明人方孝孺云："司马迁之为《史记》，……多背经而信传，好立异而诬圣人。其他微者未足论，若武王与纣之事，见于《书》最详，而迁乖乱之尤甚。牧野之兵，非武王之志也，圣人之不幸也。……迁乃谓武王至纣死所，三射之，躬斩其首，悬于太白之旗，又斩其二嬖妾，悬于小白之旗，此皆战国薄夫之妄言，齐东野人之语，非武王之事。迁信而取之，谬也。"见《逊志斋集》卷四《武王诛纣》。

〔6〕见徐中舒《周原甲骨初论》，收入徐亮工编《川大史学·徐中舒卷》第 218—230 页，四川大学出版社，2006 年。

〔7〕参见李学勤《论清华简〈保训〉的几个问题》有关述论，文载《文物》2009 年第 6 期。

〔8〕徐中舒《西周史论述（上）》第一节即"周人出于白狄说"；不过徐先生认为，以穿白衣（也就是麻衣）而得名的白狄，应是中国北方的原住民，不是外族，跟来自西伯利亚的赤族，族类不同。文载《四川大学学报》（哲学社会科学版）1979 年第 3 期。

〔9〕童书业《夷蛮戎狄与东南西北》，收入童教英整理《童书业历史地理论集》第 169—177 页，中华书局，2004 年。

《周本纪》（下）：聚合与分离，都需要一个王

〔1〕《国语》卷一《周语上》有"邵公谏厉王弭谤"条，内容与《史记》所载略同，而末云："王不听，于是国莫敢出言，三年，乃流王于彘。"

〔2〕在《史记》之前，《吕氏春秋》卷二十二已经有幽王击鼓，诸侯之兵至，褒姒因此大喜的情节，但还没有出现烽火。又，质疑《周本纪》所记烽火戏诸侯故事的诸家中，最著名的是钱穆，见所著《国史大纲》第一编第三章，商务印书馆，2010年。

〔3〕国家地震局震害防御司编《中国历代强震目录》第3页，地震出版社，1995年。

〔4〕"天王狩于河阳"，见《春秋》僖公二十八年。

《秦本纪》和《秦始皇本纪》：文明的碾压与创造

〔1〕参见李零《周秦戎关系的再认识》，收入所著《我们的中国》第一编《茫茫禹迹》第223—239页，生活·读书·新知三联书店，2016年。

《项羽本纪》和《高祖本纪》：天翻地覆中的超级对手

〔1〕《史记·高祖本纪》"四月甲辰，高祖崩长乐宫"句下，有裴骃《史记集解》注，引皇甫谧语云："高祖以秦昭王五十一年生，至汉十二年，年六十二。"秦昭王五十一年当是公元前256年。刘邦起兵的年份，《高祖本纪》有明文记载，在"秦二世元年"，是公元前209年。这样算下来，刘邦起兵时，年纪为四十八岁。

〔2〕泷川资言《史记会注考证》卷七《项羽本纪第七》，北岳文艺出

版社影印本，1999 年。

〔3〕《史记集解》注《项羽本纪》所载沐猴而冠故事，谓"《楚汉春秋》《杨子法言》云说者是蔡生"。

〔4〕《史记正义》注《项羽本纪》所载霸王别姬故事时，于"歌数阕，美人和之"下，注曰："《楚汉春秋》云：'歌曰：汉兵已略地，四方楚歌声。大王意气尽，贱妾何聊生。'"

〔5〕以下两段引文，均据清茆泮林辑《楚汉春秋》，收入茆氏编《十种古逸书》，清道光二十二年刻本。

〔6〕央广网 2018 年 1 月 24 日据中国之声《央广新闻》报道《考古发掘证实：秦都咸阳城毁于烈火　系人为破坏》。

〔7〕《孔子诗论》，收入马承源主编《上海博物馆藏战国楚竹书》第一册，上海古籍出版社，2001 年。

《吕太后本纪》：改朝换代，跟性别有关吗？

〔1〕参见《睡虎地秦墓竹简》第 220—221 页《日书甲种释文注释》释"酉，水也"条，文物出版社，1990 年。

〔2〕张文虎《舒艺室随笔》卷四"郦生陆贾列传"条，第 105 页，辽宁教育出版社标点本，2003 年。

文、景、武帝三《本纪》：帝王秘史的可说与不可说

〔1〕《三国志·魏书》卷十三《锺繇华歆王朗传》中王朗传附王肃传："帝又问：'司马迁以受刑之故，内怀隐切，著《史记》非贬孝武，令人切齿。'（肃）对曰：'司马迁记事，不虚美，不隐恶。刘向、扬雄服其善叙事，有良史之才，谓之实录。汉武帝闻其述《史记》，取孝景及己本纪览之，于是大怒，削而投之。于今此两纪有录无书。后遭李陵事，遂下迁蚕室。此为隐切在孝武，而不在史迁也。'"

〔2〕李晚芳《读史管见》第 87 页，商务印书馆标点本，2016 年。

第二卷　说《表》：画一个网格，
把历史填进去，把人填进去

《三代世表》：中国最早的家谱，是胡编出来的？

〔1〕参见李零《与邓文宽先生讨论"历谱"概念书》，收入所著《简帛古书与学术源流》第 281—288 页，生活·读书·新知三联书店，2004 年。

〔2〕赵益《〈史记·三代世表〉"斜上"考》，文载《文献》2012 年第 4 期。

〔3〕据王国维《古本竹书纪年辑校》，有关的原文是："仲壬崩，伊尹放大甲于桐，乃自立。""七年，大甲潜出自桐，杀伊尹……"。王国维撰、黄永年校点《古本竹书纪年辑校·今本竹书纪年疏证》第 7 页，辽宁教育出版社，1997 年。

〔4〕夏商周断代工程阶段性结论，参见《夏商周断代工程 1996—2000 年阶段成果报告（简本）》，世界图书出版公司北京公司，2000 年。有关争议，参见陈宁《"夏商周断代工程"争议难平》，文载《社会科学报》2003 年 11 月 27 日第 5 版。

《十二诸侯年表》：群雄混战的时空演示图

〔1〕傅占衡之说，据日本泷川资言《史记会注考证》卷十四起首处引。

〔2〕践土照传统的说法是郑国之地，但其实应该是晋国的地名，参见程峰《践土地望考——兼论孟州古周城》，文载《焦作师范高等专科学校学报》2003 年第 1 期。

〔3〕见郑樵《通志》之"总叙"。

《六国年表》: 帝国统一的长时段前奏

〔1〕参见杨联陞《中国历史上的人质》,收入所著《中国制度史研究》第39—51页,江苏人民出版社,1998年。

《秦楚之际月表》: 大王轮流做,本月到我家

〔1〕参见田余庆《说张楚——关于"亡秦必楚"问题的探讨》,文载《历史研究》1989年第2期。

〔2〕"五年之间,号令三嬗"的"五年",清代学者梁玉绳认为应该作"八年",见所著《史记志疑》卷十,清乾隆五十二年刻本。

《汉兴以来将相名臣年表》: 高官的任期和下场

〔1〕本表太始元年条下,裴骃《集解》说:"班固云:'司马迁记事讫于天汉'。自此已后,后人所续。"司马贞《索隐》因此也说:"裴骃以为自天汉已后,后人所续,即褚先生所补也。后史所记,又无异呼,故今不讨论也。"现代不少学者则认为,班固所说"讫于天汉"的"天汉",或是"大汉"之讹,或是美称汉朝,并不是指"天汉"这一年号;《史记》的纪事下限,应该按照《太史公自序》的说法,讫于太初(公元前104年—公元前101年)。

第三卷 说《书》: 制度变迁,有人在为它背书

《礼书》和《乐书》: 中国礼仪与华夏排场

〔1〕这里有关中国最早的书出现的时间,和书的界定,参考了黄永年先生的有关解说,详所著《古籍整理概论》第3—4页,上海书店出版社,2001年。

〔2〕见杨慎等撰《史记题评》卷二十三，明嘉靖刻本。

〔3〕朱熹《论语集注》解释此语，云："灌者，方祭之始，用郁鬯之酒灌地，以降神也。鲁之君臣，当此之时，诚意未散，犹有可观。自此以后，则浸以懈怠而无足观矣。盖鲁祭非礼，孔子本不欲观，至此而失礼之中又失礼焉，故发此叹也。"《四书章句集注》本。

〔4〕唐张守节《史记正义》注释《史记·乐书》，开头解题部分即云："此于《别录》属《乐记》，盖十一篇合为一篇。"之后自"凡音之起，由人心生也"到"《子贡问乐》"，各部分皆注相当于《乐记》何章何段。《子贡问乐》下，特注"以后文出褚意耳"。案其上文，可知所谓"褚意"，当指西汉续补《史记》之褚少孙之意。

〔5〕清郭嵩焘云："太史公《礼》《乐》二书，皆采缀旧文为之，仅有前序，其文亦疏缓。"见所著《史记札记》卷三，第124页，商务印书馆，1957年。

〔6〕参见宋王应麟《困学纪闻》卷十一引唐仲友《两汉精义》语。

《历书》：老黄历里的政治学

〔1〕详顾炎武著、黄汝成集释《日知录集释》上册卷四"闰月"条，第187—189页，上海古籍出版社，2006年。

《天官书》：科学为什么要跟神学纠缠

〔1〕钱大昕《潜研堂文集》卷三十四《与梁耀北论史记书二》，清嘉庆十一年刻本。

〔2〕参见吴汝纶《桐城先生点勘史记》卷二十七，转引自杨燕起等编《历代名家评〈史记〉》第435页，北京师范大学出版社，1986年。

〔3〕参见许道龄《玄武之起源及其蜕变考》，收入《史学集刊》第五

期，国立北平研究院，1947年。

〔4〕陈遵妫《中国天文学史》上册第210页，上海人民出版社，
2006年。

〔5〕以上有关论述，是依据朱维铮先生所著《司马迁》撰写的，文
收入所著《朱维铮史学史论集》，复旦大学出版社，2015年。

《封禅书》（上）：泰山崇拜与地方精灵

〔1〕参见（日）吉本道雅著、秦仙梅译《马牲——先秦时期马的民
俗文化》，文载《陕西历史博物馆馆刊》第11辑，2004年。又
王维清《先秦祭祀中用马现象探析》，文载《古籍研究》总第
61卷，凤凰出版社，2015年。

〔2〕参见李零《岳镇海渎考》，收入所著《我们的中国》第四编《思
想地图——中国地理的大视野》第107—150页，生活·读
书·新知三联书店，2016年。

〔3〕参见《凤翔雍山血池祭祀遗址入选"2016年度全国十大考古新
发现"》，文载《宝鸡社会科学》2017年第2期；又参见搜狐网
2017年6月26日新闻《凤翔血池遗址发现畤字陶文　印证畤
文化遗存的真实存在》。

《河渠书》（上）：漕运，运什么，运到哪里去

〔1〕此讲和下一讲有关《河渠书》的讲解，是根据拙作《史记精读》
（复旦大学出版社，2005年）的相关内容改写的。

〔2〕参见乔淑芝《"蒲反田官"器考》，文载《文物》1987年第4期。

《河渠书》（下）：一条大河波浪宽，洪水来了就翻天

292　〔1〕谭其骧《西汉以前的黄河下游河道》，收入所著《长水集》下

册，人民出版社，1987年。

〔2〕参见孙忠祖《科学技术是抗洪抢险胜利的保证》，文载《人民日报》1998年9月12日第6版。

《平准书》：宏观调控在汉朝

〔1〕也有学者认为《平准书》原文"马一匹则百金"的"百金"，应该是一百斤黄铜，不是黄金。

后　记

　　本书是《陈正宏讲〈史记〉》系列读物的第一种，包括了对《史记》的本纪、表和书三体的讲解。对《史记》其余两体世家和列传的讲解，和有关《史记》史的内容，稍后将续编为本系列的第二、第三和第四种出版。

　　从专业的角度说，本书不是一本学术著作，只能算是带一点学术性的通俗读物。我也不是传闻中的《史记》研究专家，而只是一个跟很多读者朋友一样，崇敬司马迁，也爱读《史记》的读书人——当然，我还有另外一重身份，就是一个在三十年的从教生涯中，多次开设过《史记》精读课程的教书匠。

　　我的专业是中国古典文献学，主要研究方向是版本目录学。因为专业的原因，我在本书里讨论的，更多是《史记》的各篇是以什么样的文献为基础被编写出来的，以及为什么它们会呈现这样或那样的文本面貌。也因为专业的关系，在编目、研究和教学的过程中，我有机会接触到海内外公藏机构收藏的各类古籍，考虑到一般读者较少有机会见到《史记》传世的各类版本，本书在文字之间穿插了较多的《史记》线装本内叶书影，以期让读者朋友在阅读一般的洋装标点本之外，对近千年来中国乃至东亚读书人阅读的《史记》是一种怎样的面貌，有一种感性而直观的认识；同时也希望借这样的形式，引导喜爱《史记》的读者，关注有关传统书籍和书籍史的学问，并对一切与中华文化相关的实物遗存，持一种富于温情的尊重态度。

本书的选题撰稿和修订编刊，先后得到了李佳怿女士和季桂保、陈雷、顾文豪、蔡昭宇、傅杰、姜鹏、章宏伟、裴程、刘玉才、程章灿、杨志刚、陈引驰、秦志华、叶康等先生的鼎力支持；邓文宽、汤文博先生和郭永秉、鲁明、李开升、金菊园、史梦龙诸君，或拨冗赐教，或通读全稿，指瑕纠谬，惠我良多；昔日复旦同窗、收藏家陈聪先生，慨允将个人珍藏的汉俑，摄影后作本书插图；来亚文先生应约在很短的时间里，为本书绘制了多幅地图；中华书局上海分公司贾雪飞女士，为本书的出版花费了颇多的时间和精力；我的妻子刘堃，也在特殊的时刻，给了我很多值得纪念的帮助。此外，复旦大学古籍整理研究所、喜马拉雅历史人文频道、天一阁博物馆、西安秦砖汉瓦博物馆、上海木铎文化公司等机构，为本书的编刊提供了许多便利。值此拙作刊行之际，谨向上述个人和单位致以由衷的谢意。

我也衷心希望读者诸君翻阅本书之余，能提出你们宝贵的批评意见和续刊建议。来函请寄：200433 上海市邯郸路 220 号复旦大学古籍整理研究所陈正宏收；我的电子邮件地址是：chenzhh@fudan.edu.cn。

陈正宏

2019 年 7 月 10 日于复旦双寅楼